歴史文化ライブラリー

598

中国の信仰世界と道教

神・仏・仙人

二階堂善弘

吉川弘文館

目次

現代も生きる宗教文化――プロローグ

1　現代も生きる宗教文化

祈る人々

世界中、人類の存在するところには、ほとんどといってよいほど、神や霊魂といった宗教的な考え方が存在している。世界の至るところに教会・寺院・モスク・廟《びょう》・神社といった宗教施設が建てられ、人々の信仰を集めている。多くの古い伝統建築は、同時に観光名所にもなっている。仮に宗教文化がなかったとすれば、世界の観光施設は、現在よりはるかに少ない数しか存在しえなかったであろう。

また旧来の人々の関心の多くは、宗教に関連するものであった。これも世界各地で共通している。もっとも科学が発展すれば、こういった宗教文化は衰えていき、いずれは消滅するとも考えられていた。しかし、宗教文化は慣習や俗習、あるいはその地域の文化の構成要素となり、しぶとく生き残っている。

図１　上海城隍廟

社会主義の国となった中国でも、一時は宗教文化を抑圧する動きが強かったが、一九八〇年代からは徐々に復活しており、あちこちに寺院や廟がみられるようになった。

たとえば、中国の上海に行くと、近代的ビル群が立ちならぶなかで、人々が街の中心であると考えるのは、あいかわらず城隍神《じょうこうしん》の廟の一帯である。ここには有名な観光地「豫園《よえん》」もあるが、そちらに行くのは観光客で、地元の人々は城隍神の廟に行ってお参りを行う。何百年も変わらない伝統がそこには存在している。

中国大陸以外の土地でも、東南アジアのシンガポールに行くと、有名な観光地のひとつに天福宮《てんふくきゅう》（シアン・ホッケン

図2　シンガポール天福宮

廟）がある。やはり近代的なビルばかりめだつシンガポールの地でも、地元の人々が熱心に参拝するのがこの天福宮である。ここでは航海の女神、媽祖《まそ》を祀っている。

香港に行くと、やはり有名な観光地に黄大仙《こうだいせん》（ウォンタイシン）廟がある。その名の通り、黄大仙を祀る廟であるが、いつも参拝客であふれており、時間によっては人をかきわけながら見学することになる。

中国大陸・香港・台湾などの中国に関連する地域、それに華人《かじん》（中華系の人々）の移住したシンガポール・マレーシア・インドネシアなどの地域には、おびただしい数の廟や寺院が存在し、そして毎日、熱心に人々が祈る姿がみられる。そういう意味では、シンガポールやマレーシアなどの華人が多く住む地域も、広い意味での中華圏に含まれていると考える。

そして、彼らの生活は宗教文化と切り離しては存在しえない。中華圏の正月である春《しゅん》節《せつ》に始まって、粽《ちまき》を食べる端午節《たんごせつ》、墓にお参りをする清明節《せいめいせつ》、施餓鬼《せがき》を行う中元節《ちゅうげんせつ》など、ほとんどが宗教に根ざした習俗である。そして、中国でもシンガポールでも、中華圏ならいまでも人々の生活に組みこまれている。数百年、あるいは一〇〇〇年以上におよぶ宗教文化は、人々の生活が西洋化した現代においても、まだまだ重要な生活の節目となって残っている。

中国や台湾から日本に来る観光客の数も増えている。シンガポールやマレーシアの華人も、日本旅行が大好きである。

それに伴って、日本の大都市だけではなく、さまざまな場所で中華系の人々をみるようになった。中華圏の正月である春節のあいだ、中国やシンガポールではお休みの店も多いが、日本は通常営業している。その期間を活かして、日本に遊びに来る人も多い。

受けいれる日本社会の側にとって、中華系の人々の宗教文化と、その生活を知ることは重要であると考える。ただ、これまで中華系の庶民信仰については、あまり知られていなかった。本書では、民間信仰を中心に、それに密接な関連を持つ道教、それに仏教について、歴史的な変遷と、地域の違いなどについて、詳しく解説する。

ただ、ひところと違い、中国への親しみやすさはやや薄れており、「近くて遠い国」という印象もあると思われる。とはいえ、マンガやアニメ、ゲームなどの文化においては、相互交流がさかんであり、共有されつつある。

アニメ『一休《いっきゅう》さん』は、中国で延々と再放送されて、誰もが知る話となっている。お寺とお坊さんというのは、日中で共通する文化なので、その話も理解しやすい。時おり、日本の話だと思っていない中国の若者がいたりして、逆に驚いたこともあった。

ジャッキー・チェン（成龍）主演のカンフー映画『酔拳』では、主人公が修行の途中で学ぶのが「酔八仙拳《すいはっせんけん》」であった。しかし、日本の人々は「八仙」を知らないために、どういう拳法なのか、みていても理解できなかったと思う。ふだん接している中華系の映画やドラマのなかにも、実は宗教を背景とする文化があふれかえっている。

易姓革命《えきせいかくめい》（王朝の交代）の最初の例は、『封神演義《ほうしんえんぎ》』で描かれる殷《いん》と周《しゅう》の抗争である。この『封神演義』は、それこそ中国では何度も映画やアニメの主題として、くりかえしリメイクされてきた。以前は日本では知られていなかったが、いまでは知名度も高くなっている。『封神演義』をベースとする宗教文化についても、実は知るべきことは多い。

中華圏の神々

それでは、中華圏の人々はどのような場所で、どのような神仏に対して祈るのであろうか。たとえば、いまもっとも中華圏で熱心に拝まれてい

図3　クアラルンプール関帝廟

る神は、関帝《かんてい》であろう。関帝とは、三国時代の蜀《しょく》の武将であった関羽《かんう》が、死後、神となったものである。中国全土の至るところに関帝廟がある。マレーシアのクアラルンプールの中心部にも大きな関帝廟がある。日本の横浜の中華街にもある。

　廟というのは、日本でいえば神社のようなもので、神さまを祀る施設である。ただ、儒教でも廟は重視されており、孔子《こうし》を祀る孔子廟や、先祖を祀る祖廟《そびょう》などもある。

　廟は基本的には民間信仰の神々を祀っている。

　海を行く商人たちに信仰されていたのは、先ほども書いた通り、航海の女神、媽祖である。もともと福建《ふっけん》で信仰されていた女神であるが、華人たちが東南アジアなどに進出した結果、アジアの至るところに媽祖廟がつくられることになった。横浜にも、媽祖廟がある。

華人たちがもっとも好むのは、さきにも少しふれた八仙という仙人のグループである。八仙とは、八人の仙人で組織された仙人たちで、日本の七福神《しちふくじん》のようにめでたい場面によく飾られる。

この八仙は、道教でも重んじられる。道教の寺院にあたるのは「道観《どうかん》」という。廟よりは数が少ないが、中華圏の都市・村・山のなかにも、道観は存在している。この道観では、神よりも仙人が重視されることが多い。

ただ、八仙は道観でも廟でも祀られる。そのメンバーは、李《り》鉄拐《てつかい》・鍾《しょう》離権《りけん》・呂洞賓《りょどうひん》・韓湘子《かんしょうし》・藍采和《らんさいか》・張果老《ちょうかろう》・何仙姑《かせんこ》・曹国舅《そうこくきゅう》の八名である。正月にあたる春節や、結婚式など祝いの場面には、この八仙が登場するのがあたりまえである。

さらに、仏教の仏や菩薩《ぼさつ》も、広く祀られる対象である。中華圏の寺院に行くと、だいたい中心となる殿は「大雄宝殿《だいゆうほうでん》」である。「大雄」とはお釈迦《しゃか》さまのことであり、すなわちお釈迦さまを本尊《ほんぞん》として祀るところである。日本の寺院では、薬師仏《やくしぶつ》や阿弥陀仏《あみだぶつ》が本尊のお寺も多いが、中国ではあまりみない。薬師仏や阿弥陀仏は、あまり中心になることはなく、大雄宝殿とは別の殿に置かれている場合が多い。

図4　山東神通寺大雄宝殿

このほか、観音《かんのん》菩薩・文殊《もんじゅ》菩薩・普賢《ふげん》菩薩・地蔵《じぞう》菩薩などの日本でもよくみる菩薩は、やはり有力な信仰の対象である。ただ、観音菩薩は女性の姿をしており、地蔵菩薩は騎獣に乗った威厳のある姿で、やや日本のものとは異なっている。

これらの仏や菩薩も、廟で祀られるのをみる。すなわち、中華圏では寺院は仏・菩薩と諸天と呼ばれる神々が祀られ、道観は仙人を中心に神と仙人、そして廟は神・仏・仙人をすべて祀るといった感じである。しかし寺院にもだいたい関帝はいるし、道観でも観音はよくみる。すなわち、神仏をあわせて祀るというより、「神・仏・仙融合」という感じである。つまり、「ご利益があればなんでも祀る」というのが中華圏の民間信仰である。そして、日本の八百万《やおよろず》の神に負けないほど、中華圏の各地で、おびただしい数の神仏が祀られている。

地域によって異なる信仰

中国大陸は、いまはかなり地方でも普通話《プートンホア》（北京語を基盤にした標準語）が通じるようになったが、もともと地域の人々が話す言語とは大きな違いがある。日本であれば、東京と大阪ではかなりコトバが違っていたりするのは確かだが、まったく通じないというレベルではない。しかし中国大陸は広大であり、広東語《カントン》と福建語はほぼ異なる言語である。広東人と福建人が自分のネイティブ語を使って話したら、まったく通じない。北京の人は、上海語で話されると困るであろう。

ヨーロッパ大陸の国々に英語・フランス語・ドイツ語・イタリア語といろいろ言語があるのは日本人でも理解できるだろう。これに似ていると考えたほうがよいかもしれない。インドではヒンディー語・マラーティー語・テルグ語・タミル語などが併存しており、文字も文法も違う。ある意味では、インドをひとつの国として考えると失敗することが多い。ヨーロッパのEUみたいなものと考えたほうが実情にあっていると思う。そして、ヨーロッパやインドのように広い中国も、当然、さまざまな言語を使う人がいて、そしてたがいに通じないのである。

「モウマンタイ（問題ない、大丈夫）」というコトバが一時、日本でも流行したが、これ

黒龍江省
内モンゴル自治区
吉林省
遼寧省
寧夏回族自治区
北京市
天津市
河北省
朝鮮民主主義人民共和国
山西省
大韓民国
山東省
陝西省
河南省
江蘇省
日本
湖北省
安徽省
上海市
重慶市
浙江省
湖南省
江西省
貴州省
福建省
広西壮族自治区
広東省
香港
台湾
(中華民国)
0
500km
1: 4, 013, 600
海南省
ベトナム
フィリピン

ロシア
カザフスタン
モンゴル
キルギス
新疆ウイグル自治区
青海省
甘粛省
パキスタン
チベット自治区
四川省
ネパール
ブータン
雲南省
インド
ミャンマー
ラオス
バングラデシュ
タイ

図5　中国全土地図

は中国の普通話ではなく、広東語である。漢字で書くと「冇問題《モウマンタイ》」となる。「冇《モウ》（無い）」は広東語でよく使う漢字であるが、普通話ではまず使わない。つまり文法どころか、場合によっては漢字すら異なるのが中国の地域の言語なのである。ちなみに、香港では広東語が一般的である。そもそも「ホンコン」という発音自体が普通語とは異なる。「ヤムチャ（飲茶）」も広東語で、このようなコトバをあまり考えずに北方の中国で使っても、困った目でみられると思う。

このような異なる言語を背景にして、祭祀される神々をみてみると、やはり地方によって祀っている神は全然違うのである。

たとえば、さきにもみた媽祖である。もとは福建の神で、海がある広東や東南アジアにも広がっている。しかし、北京に行って媽祖を探しても、ほとんど祀られていない。台湾に行くと、あちこちに王爺廟《おうやびょう》がある。「王爺」という神は福建由来のもので、福建や台湾ではさかんに祀られている。しかし、となりの広東に行くと、もう全然王爺廟はみられない。

逆もまたしかりで、香港の地下鉄の駅に「車公廟《しゃこうびょう》」がある。車公という神を祀る大きな廟があるので、その名がある。香港や広東では、この車公を祀る廟は結構みかける。しかし、広東を出たとたんに、ほぼみなくなる。

図6　香港車公廟

中国大陸は広いので、その宗教文化も大きく異なっているのである。すなわち、北京では北京の宗教文化があり、山東《さんとう》には山東の宗教文化があり、四川《しせん》には四川の宗教文化があるわけで、それぞれかなり違う。広東と福建でも、となりの省なのに、恐ろしく文化が異なっている。さらに細かくいえば、同じ福建でも北と南では、文化も言語もだいぶ異なっている。

とはいえ、中国大陸全体で通じるものもある。たとえば関帝の信仰は、全国共通のものであり、山東地方でも福建地方でも、関帝廟はみかける。

また道教と仏教も、全国で共通する面がある。道観は、山西《さんせい》でも湖北《こほく》でも存在し、道士が住持している。お寺も、中国大陸の

図7　福建の道士

あちこちに存在し、やはり僧侶が住持している。もっとも、道教も仏教も地域差は存在している。わかりやすくいうと、仏教と道教は、ある程度、中国全土をカバーしており、寺院も道観も、全国でみることができる。しかし、民間信仰は、地域に根づいた信仰で、地域ごとにバラバラである。

だから、仏教の僧侶、それに道教の道士、これは中国全土で同じように展開している。どの地域に行っても、袈裟《けさ》を着たお坊さんはいるし、冠《かん》を着けた道士もみかける。もちろん、仏教も道教も、それぞれの地方色はある。

ただ、地域の民間信仰の職能者は、みごとにバラバラである。台湾には、有名なシャーマンであるタンキー（童乩）がいるが、これは福建と台湾特有の宗教職能者である。移民の多いシンガポールやマレーシアにもいる。しかし、福建のとなりの広東や、浙江《せっこう》には存在しない。四川には端公《トウアンコン》がいて、道士とはまた異なった儀礼を行う。しかし、四川以外の地方ではみかけない。広東には、喃嘸佬《ナモロ》という、やはり道士に似た儀礼を行う宗教職能者がいる。しかし、これも広東独自の民間信仰の術士とみなすべきである。このように、各地域の民間信仰は、拝む神も違えば、宗教職能者も異なっている。地域ごとに宗教文化がバラバラと考えたほうが、理解としては正しいように思える。

図8　台湾のタンキー

この中華系の民間信仰を「民衆道教」と呼ぶこともある。ただ、民衆が廟で奉じている神は、道教や地方神に限らず、観音や地蔵など、仏教系の神仏も多い。そのため、民衆道教という名称は、ややそぐわないところがある。

関帝廟は道教か

中華圏の宗教は、道教と仏教、それに民間信仰がいろいろ混ざった状態で、そしてそれが地域による違いを保ったまま、複雑に展開している。ところが、その信仰が日本に紹介される場合は、道教と地域ごとの民間信仰の区別を無視して、た

図９　上海白雲観の関帝像

んに「道教」として紹介されてしまうことが多い。

　関帝が祀られる関帝廟は、ほんらいは民間信仰を基盤にした信仰である。関羽は、生前は武人として活躍した人物で、仙人としての修行をしていたわけでもない。だから道教とは全然関係がない。そのため、六朝《りくちょう》時代の道教の神々一覧である『真霊位業図《しんれいいぎょうず》』にも関羽の名前は載っていない。

　ところが宋《そう》代になると、関羽は道教において武神として扱われるようになる。ただ、その地位はそれほど高くない。このころの関羽は、元帥神という武神のひとりとして、「関《かん》元帥《げんすい》」と呼ばれる。また宋の王朝からは、神としての称号があたえられるようになった。宋代から元《げん》代にかけては、関羽は「義勇武安王《ぎゆうぶあんおう》」という王号で呼ばれることが多い。明《みん》代の末期になると、「帝」へと称号が上がり、「関聖帝君《かんせいていくん》」となる。すなわち関帝である。この関帝を祀るのが、関帝廟である。そして、清朝《しんちょう》になると、国家的に大々的に関帝を奉ずることになり、中国の各地に関帝廟が建てられることになる。日本でも、明治時代に華人が来日すると、横浜や函館《はこだて》などに関帝廟がつくられた。

やっかいなのは、同じ関帝廟でも、中身がかなり異なっていることである。

まずいちばん多いのは、民間信仰系の廟である。民間において、関羽は財神《ざいしん》、すなわち商売の神さまとして扱われている。商売繁盛を願う人々は、関帝を祀ることによって富を得ようとする。

また官製による関帝廟も多い。明王朝も清王朝も、関帝を重視する姿勢が強かったため、公的な廟をつくらせた。孔子を祀るのが「文廟《ぶんびょう》」と呼ばれるのに対し、関帝を祀る廟は「武廟《ぶびょう》」とされる。中国の至るところに武廟が存在する。もっとも、武廟のすべてが官製のものとは限らない。武廟の場合は、どちらかというと儒教系の廟となる。

中国の寺院の多くは関帝を伽藍神《がらんじん》として祀っている。伽藍、すなわち寺院を守護する神として、関帝はまた「関菩薩《かんぼさつ》」とも称される。ここでは、関帝は完全に仏教神としての扱いとなる。

しかし道教の道観では、関帝はあまり中心に来ることはない。道観の脇の部分に、関帝殿がつくられ、そこの主神となっていることは多いが、道観自体の中心部には、太上老《たいじょうろう》君《くん》などの「三清《さんせい》」か、玄天上帝《げんてんじょうてい》などの別の神が座すことが多い。

つまり、関帝廟は、民間信仰系・儒教系・仏教系・道教系と多岐にわたる存在なのである。このほかにも、細かくみれば教派宗教系もある。「関帝廟は道教」と紹介されると、この複雑な性格を、みのがすことになってしまう。

済公は僧侶か神か

済公《さいこう》《チーコン》という神がある。

中華圏での知名度からいえば、ほぼ関帝に匹敵する。孔子並みかもしれない。だから中華圏の人なら、誰でも知っている。ただ、日本では、驚くほど知られていない。済公は尊称であり、道済《どうさい》という南宋《なんそう》の時代の実在の人物である。

お坊さんなのだが、破天荒な行動をする。まず着ている袈裟はボロボロで、髪もボサボサである。破れたうちわを手に持って、酒の入っているひょうたんも持っている。お酒ばかり飲んでいる、すなわち飲んだくれ坊主であり、口にする話はすべて冗談のように聞こえる。そのため、寺にいる、ほかの僧侶からはバカにされている。

しかし、その正体は十八羅漢《じゅうはちらかん》のひとり、降龍羅漢《こうりゅうらかん》が世に下ったものであり、強力な神《じん》通力《ずうりき》を持つ高僧である。世の中に虐《しいた》げられている人がいると、その力を発揮して助けてあげる。もっとも、その方法自体がまたお笑い的である。悪人を懲《こ》らしめる時も、「とんち」によって退治する。その点は、日本の『一休さん』、あるいは『水戸黄門《みとこうもん》』と似てい

図10　杭州浄慈寺の済公像

るかもしれない。このような性格を持つためか、民間信仰では圧倒的な人気を誇る。地域によっては、関帝をもしのぐかもしれない。

浙江の天台《てんだい》県は、日本の天台宗の源流ともいえる場所であるが、いまや済公の故郷といったほうが有名かもしれない。しかし、済公を祀る廟をみると、それは関帝廟や媽祖廟などと同じ、民間信仰の廟である。「済公活仏《さいこうかつぶつ》」として祀るものの、ほとんど神としての扱いである。むろん、寺院においても済公は祀られるが、釈迦仏や観音菩薩のような本尊になることは少ない。すなわち、済公は僧侶なのに、神として扱われることが多いという、一種の逆転現象が起きているのである。

民間信仰の場合は、仏教も道教も関係なく、たんに「ありがたい神さま」として扱ってしまうことが多いのである。

ありがたみのない孔子

関帝や済公に比べると、孔子はまったく人気のない神となる。つまり「ありがたみのない神さま」となってしまっている。いちおう、学問の神さまとして

図11　孔子廟のひとつ蘇州文廟

は祀られている。また歴史上の偉人としては、むろん尊崇されている。

さきにも書いたように、孔子は孔子廟、あるいは文廟で祀られている。しかし、中国各地の文廟を訪れると、どこも閑散としていて、ほとんど拝む人がいない。一方で、関帝廟や媽祖廟に行くと、どこでも参拝客でいっぱいである。文武廟《ぶんぶびょう》といって、孔子と関羽が対《つい》になって祀られているところもある。その場合でも、あくまで孔子は関帝のオマケ扱いとなる。台湾では、孔子の聖誕祭の前後は学問の神さまとして、そこそこの参拝客がある。しかし、ふだんはあまり人がいない。例外は曲阜《きょくふ》の孔子廟で、ここは世界各国からの観光客であふれている。ただ、あくまで観光地としてのにぎわいとなっている。みごとに、信仰面のみが欠落しているのである。

　ある笑い話がある。

　関帝廟、財神廟などにおいては、参拝客が多く、その線香がさかんに炊《た》かれるなか、孔子廟の前には訪れる人もなく、寂しい様子で、誰も線香をあげようとする者がなかった。

　孔子は、そのことについて文句を述べたてる。その様子をみて、賢人が孔子に尋ねた。「あなたは関帝さまのような、いかにも人を集めるような、大きな刀をもっていますか」

　孔子は答える。「いいや、持っておらぬ」

　賢人はまた問う。「それでは財神さまのように、たくさんのお金《かね》を持っていますか」

　孔子は答える。「いや、それもない」

　賢人は呆れていう。「あなたさまは関帝さまのような刀もなく、財神さまのようなお金も持っておられず、それでどうして人々はあなたを拝むというのですか。文句をいうのは筋違いというもんですわ」（馮友蘭《ふうゆうらん》『三松堂自序』）

　この話は、中華民国期の事情を反映したものと思われる。しかし、孔子を「ありがたみのない神」と思っていることについては、現在もそう変わりはないのではないだろうか。

どうしてこのような状況になってしまったのか。

清朝のころまでは、孔子廟は官製で建てられ、尊重され、維持されてきた。ただ、孔子を拝むのは読書人階層、すなわち科挙《かきょ》（官僚になるための試験）を受けるような、一定の教養を持った層のみであった。文字の読めない庶民は、まず孔子を拝むことはなかった。このころまでは、釈奠《せきてん》などの孔子に対する祭祀も行われ、宗教として機能していたと考えられる。しかし、民国期以降は、その読書人階層がいなくなり、庶民は孔子を拝まず、その結果、文廟の建物は残っているものの、誰も拝む人がいないという状況になってしまったと考えられる。

むろん、学問の神さまとしての効能はあるので、そこは尊ばれている。しかし、この役目としては、文昌帝君《ぶんしょうていくん》という別の学問の神のほうが強く、人々は入学試験の合格祈願を文昌帝君に対して行う。そのため、この方面でも孔子の影は薄い。

民間信仰と三教の関係

三教と民間信仰

三教とは

中華圏の伝統的な宗教は、まえにもみたように「儒教・仏教・道教」となる。これを「三教《さんきょう》」と称する。もちろん、イスラム教やキリスト教などの宗教も、現在はさかんに行われている。ただ、長い中国の歴史のなかでは、儒教・仏教・道教の「三教」がずっと支配的であった。むろん、「三武一宗《さんぶいっそう》の法難《ほうなん》（北魏《ほくぎ》の太武帝《たいぶてい》・北周《ほくしゅう》の武帝《ぶてい》・唐《とう》の武宗《ぶそう》・後周《こうしゅう》の世宗《せいそう》の仏教弾圧）」のように、仏教が皇帝によって弾圧されることもあったが、それは例外で、ほぼすべての王朝で三教は保護され、発展してきたのである。

もっとも、儒教も仏教も道教も、それぞれの時代によって形を変えてきた。だからこそ生き残っているともいえる。唐の時代と、明《みん》の時代では、社会構造にかなりの違いがある。

三教も、その時期ごとの要請にこたえて、大きく変化してきたのである。

儒教は、南宋《なんそう》よりあとの時代は、朱子学《しゅしがく》が支配的になっていく。明代には陽明学《ようめいがく》が現れ大流行するが、主流とまではならなかった。

仏教も、唐代よりあとは、禅宗《ぜんしゅう》の力が強くなり、ほぼすべての寺院が禅宗となっていく。また元《げん》の時代にはチベット仏教の力が強くなり、北方ではチベット仏教に属する寺院が多くなる。

道教も、唐代までは上清派《じょうせいは》などが主流であったが、のちになると龍虎山《りゅうこざん》を本拠とする正一教《しょういつきょう》の力が強くなる。金《きん》の時代には、北方で全真教《ぜんしんきょう》が勃興する。そのあとは、「北は全真教、南は正一教」という形が定まり、それは現在でも変わらない。

隋《ずい》王朝、特に隋の文帝《ぶんてい》は、仏教を治国政策の根本に据えた。基本的にこれは唐にも受け継がれる。むろん道教も重視していた。唐の時代も、仏教と道教が両方とも発展していく。しかし唐の皇室が「老子《ろうし》の子孫である」というタテマエを重んじたため、信仰は道教のほうに傾斜していった。もっとも則天武后《そくてんぶこう》の時は、いったん仏教重視のほうに変化した。しかし、則天武后のあとは、また道教重視に戻ってしまった。

宋《そう》王朝も、やはり「神の子孫である」というタテマエであり、そのため道教を重んじた。皇室の先祖の神である「趙玄朗《ちょうげんろう》」という神を作為して、尊崇を行った。明王朝も似たような面がある。

三教と社会

三教のうち、儒教については、中国の支配者層からずっと重んぜられてきたのはまちがいない。もっとも、モンゴルの支配による元の時代は、科挙《かきょ》が廃止されるなどの影響もあって、儒教はやや軽い扱いになる。ただ、その期間はそれほど長くもなく、元王朝の末期には科挙が復活している。

また儒教の宗教性についても、いろいろ議論のあるところである。一般には「儒教ではなく儒学である」として、儒教の宗教性を否定するむきもある。実際、儒教は合理性に富み、哲学的な面が強く、むしろ反宗教的な性格を持つかもしれない。一方で、孔子《こうし》は廟《びょう》に祀られ、釈奠《せきてん》のような祭祀も行われている。『易経《えききょう》』の占術という神秘的な要素もあるし、死者儀礼も行っている。じゅうぶんに宗教的要素を持つといえよう。しかし、僧侶や道士の所属するような教団、すなわち聖職者の集団が存在しないのも確かである。熱心に布教が行われているわけでもない。またさきにもみたように、庶民からすれば孔子はありがたみのない存在である。

個人的な見解としては、もともと儒教は強く宗教性を持っていたものが、時代につれて変化し、どんどん宗教性が形骸化していったものと考える。また孔子廟や文廟《ぶんびょう》などの施設は残っているものの、ほぼ信者層が消滅してしまっている状態であるとみなす。

もっとも、中華圏に行くとわかるが、中国の宗族は「祖廟《そびょう》」を共有して一族全体で祖先を拝む。これは儒教に属し、祖先崇拝として完全に宗教の枠組みのなかに入る。そして、この宗教習俗としての儒教は、いまでも各地に根強く残っている。

なお、葬礼は仏教も道教も、それから民間信仰でも行うので、これも複雑にからみあっている面がある。

仏教は、漢《かん》の時代にインドから中国に伝来した。そして中国社会に、かなり長い時間をかけて定着していった。六朝《りくちょう》時代までは、僧侶はほぼ外から来た者たちで、漢民族で出家して僧侶になる者は少なかった。安世高《あんせいこう》・支婁迦讖《しるかせん》・支謙《しけん》・康僧会《こうそうえ》・竺法護《じくほうご》・仏図澄《ぶっとちょう》・鳩摩羅什《くまらじゅう》など、早期の有名な僧侶は、その多くが漢民族に属する者ではない。

そして仏教のインパクトは大きかった。もともと「輪廻《りんね》」「因縁《いんねん》」「解脱《げだつ》」「地獄《じごく》」「施餓鬼《せがき》」などの概念は、中国では存在していなかった。ところが、いまや中国でも日本でも、あたりまえの考え方になっている。ほんらいはもっと別の宗教観念が存在していたはずが、かなりの部分が仏教的な考えに置き換わってしまっている。

そもそも、教団を組織し、信者層に布教し、経典を読誦《どくじゅ》し、儀礼を行うという、「体系的な宗教組織」のあり方自体が、仏教伝来以前にはあまり整っていなかったと考えられる。

むろん、天に対する祭祀や、民間信仰の儀礼は行われていたであろうし、墨子《ぼくし》の集団が宗教組織であったと考えられることから、似たようなものは存在したと思われるが、それは「整った教団」といえるほどのものではなかったと考える。

道教も、結局は仏教の影響のもとに、対抗して「中華の宗教」を組みたてたものであると考える。むろん、戦国時代、秦《しん》や漢の世から、仙人を奉ずる人たちはいた。仙人になるための手段を説く者は方士《ほうし》と呼ばれ、その活動はよく知られている。秦の始皇帝《しこうてい》のころの方士である徐福《じょふく》や、漢の武帝《ぶてい》のころの欒大《らんだい》などが有名であろう。ただ、いずれも神仙になりたいと望む皇帝をだましたのではないかと疑われ、評判はよくない。また徐福は日本に来たという伝説がある。

これらを道教の道士とみなすむきもあるが、やはりまだ宗教集団とみなせるほどの組織や経典は整っていない。後漢《ごかん》末に、太平道《たいへいどう》や天師道《てんしどう》などの道教の源流となる教団があらわれ、そののちに天師道が発展することによって、道教が形成されてきた。仏教が漢から六朝期までひじょうに長い時間をかけて体制を整えてきたように、道教も同じように時間をかけて体制を整えてきた。そして陸修静《りくしゅうせい》や陶弘景《とうこうけい》などの有名な道士も登場し、ほぼ教団として機能するようになった。また葛洪《かっこう》が『抱朴子《ほうぼくし》』をあらわすなど、理論面でも大きな補強が行われた。道士や道観といった制度も整い、国家によるテコ入れが行われるようになった。

三国時代から、六朝を経て、隋の統一が行われるまで、中華の地は争乱が絶えなかった。この時期に道教と仏教が飛躍的に発展したのは、やはり乱世であったため、多くの人が心のよりどころを求めたからではないかと考える。もちろん、まえにも書いた通り、統一王朝の唐や宋でも道教・仏教は重視されるが、安定している時代では、儒教のほうが強くなる傾向がある。

仙人と神

道教と民間信仰では、重視する対象が異なっている。すなわち、道教では仙人を重視し、民間信仰では神を重視する。もちろん、これはかなり単純化したものである。

仙人とはなにか。

人間でも動物でもよいが、長年の道術の修行を通じて、不老不死の不滅の存在となること。それが「仙となること」である。時に、無機物が長い年月を経て仙人になることもある。

神とはなにか。

神も不滅の存在ではあるが、もともと道術とは関係なかった人間が多い。生前に功績を立てた人物が、死後に神に任じられる。これが神である。神に任ずることは、時に「神に封ずる」とも呼ばれ、すなわち『封神演義《ほうしんえんぎ》』とは、神々の任命に関する経緯を描いた物語である。

赤松子《せきしょうし》・安期生《あんきせい》・王子喬《おうしきょう》ら古い時代から信奉される仙人は、よくイメージされる「霞を食べて生きる」仙人の姿に近いかもしれない。ところが、呂洞賓《りょどうひん》や李鉄拐《りてつかい》ら新しい時代の仙人は、もっと活発な存在であり、時に戦ったりもする。

難しいのは、太上老君《たいじょうろうくん》や西王母《せいおうぼ》などの神である。これらの神々は不滅の存在であり、一般の「神」とは違い仙人の上に位置する。こういった神々は、個人的には「上位仙」あるいは「上位神仙」と称すべきものであって、たんに「神」と称すると、わかりにくくなってしまうと考える。

そして一般の神は、仙人に使役される存在である。呂洞賓の物語をみていると、呂洞賓はしょっちゅう神を呼び出して命令し、力仕事をやらせる。趙公明《ちょうこうめい》にしろ関羽《かんう》にしろ、呂洞賓の前では「仙人さま、どうかご命令を」と控える立場である。『西遊記《さいゆうき》』でも、孫《そん》悟空《ごくう》は行く先々で土地神を呼び出して命令する。土地神は唯々諾々《いいだくだく》として従う。孫悟空は、いちおうは斉天大聖《せいてんたいせい》という仙人なので、一般の神々に比べると地位が高いのである。

すなわち、道教では、太上老君や西王母などの「上位仙」が上にあり、次に呂洞賓や李鉄拐などの仙人があり、一般の神々はその下に位置する。

しかし、民間信仰ではそう考えない。神と仙人にそれほど差はなく、時には神のほうが強い。民間信仰においては、関羽は使役される神ではなく、もっと高位と考えられる存在となる。その地域によって、敬う神の地位には差異がある。

なお、仏教の仏《ほとけ》と神の関係も、やはり仏が上であり、帝釈天《たいしゃくてん》や梵天《ぼんてん》などのかなり上位の神々であっても、お釈迦《しゃか》さまの命令に従う立場である。これも、道教の仙人と神の関係と似ているかもしれない。

敵視される民間信仰

『抱朴子《ほうぼくし》』は、葛洪《かっこう》の書いたもので、六朝期の道教を代表する書物である。不老不死の仙人になるために、どのような修行が必要であるか、詳細に解説している。しかし、この書を読んで実践したとしても、なかなか仙人にはなれないと思う。それほど、仙人になるためのハードルは高い。

さて、この『抱朴子』の「道意《どうい》」という篇を読むと、当時の道教では、民間信仰をかなり敵視していることがわかる。もっとも、葛洪はそもそも、道教の源流であるはずの太平道に関しても、「張角《ちょうかく》などが妖術で庶民をだましたのはケシカラン」と批判している。そして、民間信仰を禁じた第五倫《だいごりん》、曹操《そうそう》といった人物については賞賛している。

このころの道教の主流からすると、民間信仰の多くは「迷信」「詐術《さじゅつ》」のたぐいであり、むしろ忌避《きひ》すべきものであった。おそらく、実際にそういう面をもった民間信仰も多かったと考えられる。

「城陽景王《じようようけいおう》」という神がある。漢の時代に、山東《さんとう》地方でさかんに信仰された神である。漢の時代のはじめに起きた呂氏《りよし》の乱で活躍した皇室の一族のひとりで、名を劉章《りゆうしよう》という。大活躍したあとに、若くして亡くなったためか、死後、神として扱われることになった。城陽景王の信仰は大流行し、その廟は各地に建てられた。そして、人々は争ってこの神を拝んだという。

漢の時代は、前漢《ぜんかん》と後漢にわかれるが、その間には王莽《おうもう》による新《しん》王朝が入る。この新王朝の時、天下をゆるがす事態となったのが、農民反乱である「赤眉《せきび》の乱」である。この赤眉の乱に参加していた者の多くは、民間信仰を奉じており、そしてその主となったのは城陽景王信仰であった。そして彼らは、指導者をクジで選ぶ時、城陽景王の子孫のなかから選出した。結果、選ばれたのが劉盆子《りゆうぼんし》である。劉盆子は一時、皇帝として担がれることになる。

迷信が大嫌いな曹操は、山東に赴任した時、この城陽景王の廟を壊してまわった。そののち、城陽景王信仰は衰えていき、廃れてしまった。いま山東に行っても、全然それらしい廟は残っていない。曹操は、一方では神仙の説を唱える者を周囲に集めたりしている。よく知られているのが左慈《さじ》という方士で、よく仙術を使ったという伝承が残っている。

この曹操の態度は、仙術を尊重していたのだとするのと、迷信の徒を監視下に置いたのだという両方の見方がある。ただある程度、仙人に対しての憧れがあったのは確かだろう。この時代、知識のある人物の多くは、だいたい神仙道については信じ、民間信仰に対しては敵視することがよくみられた。もう少し時代が経って、道教が発展したあとも、道士は知識人であることが多く、そして民間信仰を軽蔑する傾向があった。

このような、「儒教・仏教・道教の三教を信奉する知識人」と、「民間信仰を信奉する一般の人々」の一種「対立」ともいえる関係は、かなり長く続いていく。宋代以降になると、道教と民間信仰はどんどん融合していき、その対立は弱くなるが、基本的な構造自体は変わらない。

もっとも、社会の上位層でも、皇帝に近いところは、むしろ民間の神々を尊崇することもある。科挙を受けるような読書人は、教養もあり、儒教を重んずるわけであるが、皇帝や皇后などの層は、民間に流通する演劇や語り物を好むことも多い。そのため、皇帝の信仰は、実は庶民に近いという、一種の倒錯《とうさく》した現象も起こりうる。

むろん、正統派を自任する儒学者は、道教や仏教も排撃する。また僧侶が道教を非難したり、道士が仏教を攻撃する場合もある。想像以上に、めんどうで複雑な関係が、そこには存在している。

難しい資料の扱い

少ない民間信仰の記録

道教にしろ仏教にしろ、基本的には「文字の読み書きできる知識人」が支えるものであった。そして、民間信仰は「文字の読めない一般の人々」が担うものである。儒教だと、「科挙を受ける読書人層」となる。もちろん、そう単純に割りきれるものでもなく、たとえば、仏教のお坊さんは、文字の読めない人々に対して、経典の内容をわかりやすく話して聞かせることも行っていた。道教の道士も同様であろう。一般の庶民の支持がなければ、宗教はやっていけない。

しかしながら文字記録は、知識人、あるいは科挙を受けるような読書人によってしか残せない。よって民間信仰の記録は、断片的に知識人の手によって残されることになった。後漢の時代の応劭《おうしょう》が書いた『風俗通義《ふうぞくつうぎ》』は、とにかく民間の風習を批判しまくっている書物である。しかしそのおかげで、逆に当時どんな民間信仰があったのか、われわれは知ることができる。王充《おうじゅう》の『論衡《ろんこう》』も似たようなところがある。清《しん》代の『破邪詳弁《はじゃしょうべん》』は、黄育楩《こういくべん》が記したもので、こちらも、とにかく当時の民間宗教、つまり教派宗教を非難しまくっている。しかし、おかげで当時の教派宗教がどんなものだったか判明する。ちょっと変わっているのは『集説詮真《しゅうせつせんしん》』で、こちらも清代にまとめられたものであるが、キリスト教の立場から民間信仰を批判するものである。その資料収集は多岐にわたっており、いまでは民間信仰研究の貴重な資料となっている。このように、批判者の書いた資料に頼らざるをえないところが、民間信仰研究のネックともなっている。

さて『風俗通義』の「怪神《かいしん》」という篇をみてみると、当時から民間信仰がさかんであったことが看取できる。

まず批判されているのは、まえにもみた城陽景王である。応劭は、「琅琊《ろうや》と青州《せいしゅう》の六つの郡から、渤海《ぼっかい》におよぶまで、城市も郷も集落も、みな廟を建てていた」と、その信仰のさかんな様子を記す。

さらに応劭は、「鮑君神《ほうくんしん》」「李君神《りくんしん》」「石賢士神《せきけんししん》」という神々が信仰されていたことを記す。これらの神々は、当時はさかんに信仰されていたのであろうが、いまや城陽景王をはじめとして、まったく信仰が残っていない。

民間信仰の神々は、文字の読めない人々が支えるために、口頭で伝承される。廟があり人気があるうちはいいが、数百年も経つと信仰が衰えて、やがて祭祀されなくなってしまうのである。あるいは、廟だけが残って、なかの神が入れ替わるということも起きる。「杜十姨《とじゆうい》」という神の伝説はよく知られている。温州《おんしゆう》の女神とされるが、これは実は、詩人の杜甫《とほ》が、「杜拾遺《としゆうい》」という称呼があることから、男性であるのに、発音から「十姨」と呼ばれるようになり、女性の神として誤解されるようになったものである。文字の読めない人々の伝承は、時にこういった現象を招くことがある。

そのため、民間信仰の歴史自体は、道教よりももっと長いのだが、その祭祀される神々は入れかわりが激しい。ひとつの神の信仰はだいたい数百年は続くが、ある意味「人気商売」であり、「ご利益のない神」はさっさと退場させられる。そして文字に残らないため、人々の記憶から消えれば、もうそれまでである。

また、同じような性格の神が複数存在した時、ある神の信仰が有力になると、その神への「一本化」が行われるようになってしまう。たとえば、海の神や水の神は、媽祖《まそ》以前にもたくさん存在していた。しかし、媽祖の信仰が有力になると、どんどん媽祖への一本化が行われるようになる。そして、それまでいた海の神は、媽祖の配下になるか、あるいは消滅してしまう。

関帝《かんてい》も、もともとは財神の性格を有してはいなかった。そして、ある時点から財神となると、ほかの財神の地位をどんどん奪っていくことになり、いまでは財神の代表になってしまった。『三国志平話《さんごくしへいわ》』という、古い三国志の物語をみると、関羽は、ほぼ一文無しの状態で登場する。当時は、貧乏な武人というイメージが強かったわけである。これほど財神にふさわしくない人物もないであろう。しかし、おそらくは趙公明や華光《かこう》のような、ほかの財神との、ある意味「意図的」な混同により、関帝は財神となる。そののちは、かえって関帝のほうが財神の代表格になってしまう。いや、関帝はもう、学問の神、守護の神といった信仰が強くなりすぎて、多くの役割を兼任させられてしまう。その影で、ほかの財神はどんどん退場していく。

そして、そういった入れかわりの激しい「業界」で、さらに信仰に関心の薄い知識人層しか記録に残さないため、ますます民間信仰の資料は偏りがひどくなった。『風俗通義』は、むしろ良心的な記録に類するものである。もちろん、これも時代による差はあって、明や清の時期になると、読書人のなかにも民間信仰を積極的に受けいれる人物も出てきている。あと、民間信仰では、お酒や牛・豚などの動物の肉を使って儀礼を行うことが多い。これも、読書人などから非難される理由となっている。道教や仏教では、お酒はともかく、肉を使って祭祀を行うことはタブー視されている。

文学作品への反映

もっとも、文学作品において民間信仰は、それほど批判の対象にはなっていない。六朝の志怪《しかい》小説や明清の筆記小説では、中立的な立場から民間信仰の姿が語られている。こういった小説においては、神も妖怪も、だいたい実在するものとして描かれている。ただ、その記述は断片的であり、それぞれの信仰については類推するしかなかったりする。

唐代までのさまざまな小説類をまとめた『太平広記《たいへいこうき》』、南宋にまとめられた怪異の書『夷堅志《いけんし》』などには、民間信仰に関する豊富な記録が残されている。

『太平広記』には、「四海神《しかいしん》」「土羊神《どようしん》」「観亭江神《かんていこうしん》」「度朔君《どさくくん》」「石人神《せきじんしん》」「聖姑《せいこ》」「楊郎《ようろう》」「項羽神《こううしん》」「康王《こうおう》」「瀚海神《かんかいしん》」などといった神についての記載がみえる。しかし、こういった神々も、のちにどんどん信仰が衰退していったようである。

『夷堅志』には、「鉄塔神《てつとうしん》」「皮場大王《ひじょうだいおう》」「二相公《にしょうこう》」「霊顕王《れいけんおう》」「英顕武烈王《えいけんぶれつおう》」「宝公《ほうこう》」「広利王《こうりおう》」「陽山龍母《ようざんりゅうぼ》」「舞陽侯《ぶようこう》」などといった神々の名がみえている。このうち、皮場大王は、のちに医療の神である「薬王《やくおう》」のひとつとなって変化していった。霊顕王は、おそらく二郎神《じろうしん》のことである。武烈王は、のちに文昌帝君《ぶんしょうていくん》となる神の当時の称号である。広利王は、南海龍王《なんかいりゅうおう》を指す。とはいえ、もう信仰の残っていない神もこのなかには多くみられる。

図12　シンガポールの斉天大聖廟

『太平広記』に書かれる、おそらくは唐代までの神々の信仰は、いまではほとんど残っていないのに対し、『夷堅志』に描かれる宋代の神々は、少数ながらも残存している。実のところ、いま民間信仰で主流となっている神々の多くは、宋代以降に信仰が発展したものである。関帝は、三国時代の人物であるが、信仰が発展したのは宋以降である。媽祖はいうまでもなく、宋の時代の人物である。

明代になると、『三国志演義《さんごくしえんぎ》』を代表とする数多くの通俗小説が出版されるようになる。これらの通俗小説のなかには、民間信仰に関する記載が豊富にみられる。

このような通俗小説は、演劇や語り物に編纂され、文字が読めない庶民の層にも浸透していった。演劇や語り物で流行したものは、また民間信仰にも影響をあたえていった。つまり、こういった通俗小説は、当時の民間信仰を反映している一方で、同時に、そのあとの民間信仰に影響を及ぼしていったのである。

『西遊記』にしろ、『封神演義』にしろ、当時の民間信仰を反映したもので、そこには大量の民間信仰の神々が登場する。ところが、今度は『西遊記』『封神演義』が逆に民間信仰に影響をあたえてしまうという現象が起こる。

たとえば、シンガポールやタイに行くと、斉天大聖を祀った「大聖廟」という廟がいくつも存在する。先述のとおり、斉天大聖とは孫悟空のことである。孫悟空は『西遊記』というフィクションによってつくられた架空のキャラクターである。しかし、『西遊記』があまりにも有名になってしまったため、ほんとうに神さまとして祀られることになってしまった。いわば、フィクションである『西遊記』が生みだした信仰である。

『西遊記』と『封神演義』については、ひとつには民間信仰の記録として貴重であるということ、しかし、もう一方では、フィクションなのに逆に民間信仰に影響をあたえた書であるということで、このふたつの側面について考える必要がある。

民間信仰の神世界

『三教捜神大全』とは

『三教捜神大全《さんきょうそうしんたいぜん》』は、明《みん》代に編集されたもので、現在の民間信仰のルーツを調べるための貴重な資料である。

三教の対立と融和

この場合の「三教」とは、すなわちまえにも述べた、儒教・道教・仏教の三教のことである。しかし、『三教捜神大全』の内容をみてみると、儒教に関しては孔子《こうし》について説いた「儒教源流」があるだけで、ほかにはまったく儒教の神の記載はない。実は道教の仙人についても記載は少ない。中心になるのは、実は民間信仰の神々である。つまりカンバンと中身がだいぶ異なっている本である。

ただ、この書が「三教」と称するのは、明代にさかんになった「三教合一」思想の流行（後述）が背景にある。

まえにもみたとおり、儒教・道教・仏教の三教は、一般的には対立することが多かった。唐《とう》の韓愈《かんゆ》は、激烈な仏教批判を行い、そのために左遷させられた。南宋《なんそう》の朱子《しゅし》も、仏教や道教については批判的である。

道教の道士と仏教の僧侶は、たがいに自己の宗教のほうが優れていると、さかんに論争を行った。これを「仏道論争」または「道仏論争」と呼ぶ。『弘明集《ぐみょうしゅう》』という書は、六朝《りくちょう》時代に行われた仏道論争について記したものである。

さきにも少し記した「三武一宗《さんぶいっそう》の法難《ほうなん》」の多くは、道教側が時の皇帝に取りいり、その権力によって仏教を弾圧したものである。政治的には、道教と仏教は対立することが多く、それが過激な方向に傾いたのが、これらの法難である。

元《げん》の時代、世祖《せいそ》フビライ・ハーンのもとで開かれた仏道論争は激しいものであったが、最終的には道教側が敗北した。もっとも、この結果、負けた道教側がお取りつぶしになったかというと、そうでもない。むろん、道教側はかなり不利な状況となり、ペナルティをあたえられることになった。楊璉真加《ようれんしんか》など、こういった風潮に乗じて、道観《どうかん》を壊して仏寺に変えた僧侶もいる。

ただ、歴史的には道教と仏教の両方の教養を兼ねた知識人なども数多く存在した。宋《そう》の蘇東坡《そとうば》は「居士《こじ》」と称し、仏教の信者として知られているが、道教にも造詣の深い人物であった。三教を融和的に論ずることも、歴代の知識人によって行われていた。「三教合一」とは、儒教・道教・仏教のいずれも優れた点があり、めざすところは同じであると考えるもので、明代に流行した。また「三教一致」とも称する。

王陽明《おうようめい》が提唱した陽明学においては、むろん儒教を重んずる傾向が強かったが、一方で三教合一に傾く者たちも多かった。特に知られているのが李卓吾《りたくご》である。李卓吾はその思想が時代を先取りしすぎていると考えられるくらい、特異な考えを有していた。そして、同時に三教の融和を主張していた。さらに明の末には林兆恩《りんちょうおん》という人物が登場する。三教合一を熱心に説いたため、「三教先生」と称された。

また民間信仰においては、まえにも述べたように「ご利益がある神」であれば、その出自に関係なく祭祀している。民間信仰の廟《びょう》に行けば、仏教の観音菩薩《かんのんぼさつ》と、道教の太上老君《たいじょうろうくん》が並んで祀られていることなど、ごく普通にみられる光景である。民間信仰では、三教は融合するのがあたりまえという状況にある。

こういった明代の「三教」の融合の風潮のもとに編纂された書が、『三教捜神大全』なのである。

『三教捜神大全』の内容

『三教捜神大全』は、たんに『三教大全』と称することも多い。『三教《さんきょう》源流《げんりゅう》捜神大全《そうしんたいぜん》』とも呼ばれる。民間信仰に関する百科全書的な本であり、多くの神々や僧侶の伝記を載せる。その内容は次の通りである。

巻一
儒氏源流・釈氏源流・道教源流・玉皇上帝・聖祖尊号（保生天尊）・聖母尊号（聖母）・東華帝君・西霊王母（西王母）・后土皇地祇・玄天上帝・梓潼帝君・三元大帝・東岳・至聖炳霊王（炳霊公）・佑聖真君（茅盈）・南岳

巻二
西岳・北岳・中岳・四瀆・泗州大聖・五聖始末（五顕神）・万廻虢国公・許真君・宝誌禅師・盧六祖・三茅真君・薩真人・袁千里・傅大士・崔府君・普庵禅師・呉客三真君

巻三
昭霊侯・義勇武安王（関帝）・清源妙道真君（二郎神）・威恵顕聖王（伍子胥）・祠山張大帝・掠刷使・沿江游奕神・常州武烈帝・揚州五司徒・蔣荘武帝・蠶女・威済李侯・趙元帥（趙公明）・杭州蒋相公・増福相公・蒿里相公・霊泒侯・鍾馗

巻四

神荼鬱壘・五瘟使者・司命竈神・福神・五盗将軍・紫姑神・五方之神・南華荘生（荘子）・観音菩薩・王元帥・謝天君・大奶夫人・天妃娘娘（媽祖）・混炁龐元帥・李元帥・劉天君・王高二元帥・田華畢元帥・田呂元帥

巻五

党元帥・石元帥・副応元帥・槃瓠・楊元帥・高元帥・霊官馬元帥・孚祐温元帥・朱元帥・張元帥・辛興苟元帥・鉄元帥・太歳殷元帥・斬鬼張真君・康元帥・風火院田元帥・孟元帥・慧遠禅師・鳩摩羅什禅師

巻六

仏陀耶舎禅師・曇無竭禅師・仏駄跋陀羅禅師・杯渡禅師・宝公禅師・智璪禅師・大志禅師・玄奘禅師・元珪禅師・通玄禅師・一行禅師・無畏禅師・金剛智禅師・鑑源禅師・懶残禅師・西域僧禅師

巻七

本浄禅師・地蔵王菩薩・嵩岳伏僧禅師・知玄禅師・青衣神・九鯉湖仙・張天師・王侍宸・盧山匡阜先生・黄仙師・北極駆邪院（左判官顔真卿）・那叱太子（哪吒太子）・五雷神・電母神・風伯神・雨師神・海神・湖神・水神・波神・洋子江三水府・蕭公爺爺・晏公爺爺・開路神君・法術呼律令・門神二将軍・天王

このうち、冒頭の「儒氏源流」は孔子の伝、「釈氏源流」は釈迦如来《しゃかにょらい》の伝、「道教源流」は太上老君、すなわち老子《ろうし》の伝となっている。内容のほとんどは、ほかの書籍からの抜き書きであり、いわゆる「類書《るいしょ》」と呼ばれるものの一種となる。

この『三教捜神大全』が世に知られることになったのは、清《しん》から中華民国初期にかけて活動した葉徳輝《しょうとくき》の尽力によるところが大きい。葉徳輝ははじめ、この『三教捜神大全』の原書である『捜神広記《そうしんこうき》』を北京で見た。その時は印刷できなかったが、その後『三教捜神大全』を入手し、奇書であると思い再版したのである。

図13　『三教捜神大全』道教源流の挿絵

「三教」と称していながら、儒教の神については冒頭の孔子以外はまったくみえない。また多くの僧侶の伝記を持ってきて、さも仏教を重視しているようにしているが、実際にはこの部分は『神僧伝《しんそうでん》』という別の書籍の丸写しである。

道教や民間信仰の神々につい

ては、当時の貴重な記録が残されている。その点では重要な書物である。ただ、その編集が、かなりズサンであることは、注意しておく必要があると思われる。

三つの捜神類書

この『三教捜神大全』には、その源流となる書物がある。それは葉徳輝が最初にみたという『捜神広記』である。

晋《しん》の干宝《かんぽう》の小説である『捜神記《そうしんき》』と似たような書名で混乱するが、「神々の由来を捜《さが》す」としてつくられた、宋代の別の本である。『捜神広記』は元《げん》の時代に出版されたものであると考えられるが、内容には宋代の記述がみられるため、宋代に基本がつくられ、のちに歴代、内容が書き足されてきたものと考えられる。

内容をみると、『三教捜神大全』の巻一から巻四までの記載がほぼ一致する。すなわち、『三教捜神大全』とは、『捜神広記』の拡充バージョンといえる。もっとも、重複部分でも書き換えられている部分がかなりある。

さらにまぎらわしいのであるが、もうひとつ『捜神記大全《そうしんきたいぜん》』という書物がある。こちらも『捜神広記』の拡充バージョンなのであるが、『三教捜神大全』とは違った形で、収録する神々を増やしている。すなわち『捜神広記』という書が宋から元において形成され、そこから別々に派生した書物が、明代の『三教捜神大全』と『捜神記大全』となる。いずれも、民間信仰を研究するうえでは必要不可欠な資料である。

実のところ、かなり編集がズサンな『三教捜神大全』に比べて、『捜神記大全』のほうが「三教」にこだわらず民間信仰に徹しているぶん、資料としての価値は高い。ただし、知名度としてははるかに『三教捜神大全』のほうが高いため、この本こそが民間信仰研究の代表的な資料とみなされてしまった。とはいえ、実際には「三つの捜神類書」をすべて参照する必要がある。

『捜神広記』は元の出版で、編者は秦子晋《しんししん》という人物である。この人物については、よくわからない。

『三教捜神大全』は明の出版で、編者は不明である。『捜神記大全』は、羅懋登《らぼうとう》がその編者である。

羅懋登は、明末の小説『三宝太監西洋記《さんぽうたいかんせいようき》』の作者でもあり、明代の出版業に深くかかわる人物である。かなり民間信仰に詳しく、その編集方針は着実である。

とはいえ、哪吒太子《なたたいし》や元帥《げんすい》などの神々に関連する記載は、『三教捜神大全』のみ記載があり、これも無視できるものではない。いずれにせよ、三つの捜神類書は、すべて重要な資料であると考えられる。

上位神仙と自然の神

それでは、『三教捜神大全』の内容にもとづいて、民間信仰の神々について紹介したい。『三教捜神大全』では、巻一において収録される神々は、ほぼすべて道教や民間信仰において、高い地位にあると考えられているものである。さきにみたとおり、これらの神々は「上位神仙」と称すべきだと考える。

太上老君

「道教源流」の項目では、その大半が太上老君に関連する記載となっている。挿絵においては、元始天尊《げんしてんそん》・霊宝天尊《れいほうてんそん》・太上老君のいわゆる「三清《さんせい》」が掲げられているが、実際には元始天尊と霊宝天尊に関連する記載は少ない。

太上老君とは、老子《ろうし》のことである。いうまでもなく、『老子』、すなわち『老子道徳経《ろうしどうとくきょう》』を書いたとされる人物である。老子が実在の人物かについては、ずっと論じられてきた。ただ、『史記』など多くの書は、いちおう実在の人として扱う。そのために、ちゃんと子孫が存在し、まえにみたように唐王朝の皇帝は「老子の子孫である」と称していた。

「道教源流」の老君（老子）の伝の概略は、次の通りである。

『洞玄霊宝元《どうげんれいほうげん》始《し》上帝真教元《じょうていしんきょうげん》符《ふ》経《きょう》』によれば、太上老君は、世々現世にその化身を現してきたが、いまだ肉身として誕生したことはなかった。殷《いん》王朝の第十八代の陽甲《ようこう》の時、太上老君は気に変じて玄妙玉女《げんみょうぎょくじょ》の胎に宿った。胎内にあること八十一年、殷の第二十二代の王の武丁《ぶてい》の時代、庚辰《こうしん》の年二月十五日卯《う》の時に、楚《そ》の苦県瀬郷曲仁里《こけんらいきょうきょくじんり》に誕生した。姓を李《り》、名を耳《じ》、字《あざな》を伯陽《はくよう》、諡《おくりな》を聃《たん》といった。後に老君は『道徳《どうとく》経《きょう》』を著した。また『老君聖紀経《ろうくんせいききょう》』によれば、太上老君は太清境《たいせいきょう》において、元気《げんき》の祖宗《そそう》、天地の根本である。天地開闢《てんちかいびゃく》ののち、世の実状に合わせ、時流に応じて教えを垂れ、代々帝王の師となり、法を構築した。あるいは九天《きゅうてん》の上において、あるいは四海《しかい》の内において教えを広めた。夏《か》・殷・周《しゅう》の三王より以下、歴代の帝王はみな老君を宗として奉ったのである。

これによれば、太上老君は天界に存在する上仙で、歴代、その化身を現して、世を導いてきた。しかし、殷の時代になると、肉体を得て地上に顕現した。母の胎内にあること八一年。姓は李、名は耳。のちに『道徳経』を書いた。当然だが、これらの話はほぼフィクシ

図14　福建泉州の太上老君像

ヨンである。ここに描かれる老子の姿は、一般に伝わるものとそう変わりはない。「伏羲《ふっき》のときは鬱華子《うつかし》となり、女媧《じょか》のときは鬱密子《うつみっし》となり、神農《しんのう》のときは太成子《たいせいし》となり、黄帝《こうてい》のときは広成子《こうせいし》となり、顓頊《せんぎょく》のときは赤精子《せきせいし》となり」と、歴代その身を変化させて現れたことを説く。

殷の時代に生まれたことも、よくみられる記述である。ただ、春秋《しゅんじゅう》時代に孔子に教えたことは疑いない事実とされているため、何百年も生きた人間であることにしないと、つじつまが合わなくなる。やはり仙人として有名な彭祖《ほうそ》という人物は、八〇〇年生きたとされているので、老子も同じような人と考えられていた可能性が高い。

道教で重んじられる太上老君は、民間信仰

でも重要な神とされ、中華圏の至るところで「老君廟」が存在する。道教の道観では、三清（元始天尊・霊宝天尊・太上老君）を祀る。民間の廟では、元始天尊などはめったに祀らない。ある意味で、道教と民間信仰の違いは、「三清を祀るか祀らないか」かもしれない。また、道教の定義はさまざまであって一律に決められないが、『三教捜神大全』の考え方では、「老子の教えを奉ずる教団」といえるかもしれない。

太上老君は、『西遊記《さいゆうき》』では、孫悟空《そんごくう》を八卦炉《はっけろ》に閉じこめる役割で登場する。『封神演義《ほうしんえんぎ》』では、名称は老子となり、元始天尊とともに物語で重要な役割を担っている。

玉皇上帝

「道教の最高神はなにか」と問われた場合、ほぼ「三清」と答えて問題ないと考える。すなわち、元始天尊・霊宝天尊・太上老君の三神がそれにあたる。しかし、三清は地位こそ高いものの、天上界において実務にあたっているとは考えにくい。引退した皇帝、すなわち太上皇《たいじょうこう》のような地位にあるのが三清であると考える。天上界の最高神となると、やはり玉皇上帝《ぎょくこうじょうてい》があげられる。すなわち地上における皇帝と同じ役割である。道教でも、むろん最高位に近い神となる。また玉皇大帝と称する場合もある。

民間信仰における最高神も、玉皇上帝とみなして問題はないと思われる。玉皇を祀る廟はまたの名を「天公壇《てんこうだん》」という。天公壇の格はほかの廟に比べても高いといえる。また関《かん》

図15　上海白雲観の玉皇上帝像

帝廟《ていびょう》でも媽祖廟《まそびょう》でも、入口のところに線香を最初にあげるところがあり、ここは玉皇上帝に捧げるための場所だという。民間信仰における玉皇上帝の地位は、かくも高いものがある。

『三教捜神大全』においては、「道教源流」のすぐあとに「玉皇上帝」の項目があり、その来歴が記される。その概略は、次のようなものである。

『聖紀《せいき》』によれば、遠い遠い過去において、名を「光厳妙楽《こうごんみょうらく》」という国があった。その国王を浄徳王《じょうとくおう》といった。王には后がおり、その名を宝月光《ほうげつこう》という。ところが国王には跡継ぎがいなかった。そのためある日、国王は思い悩んでいう。「わしはもう老いているにもかかわらず、国を継ぐべき太子がおらぬ。もしわが身に万一のことがあった場合、この社稷《しゃしょく》と九廟《きゅうびょう》を誰に委ねたらよいのか」

嘆じ終わると、国王はすぐに勅令を下して、多くの道士に命じて、宮殿において功徳のための儀礼を行わせた。するとある夜、宝月光后の夢に、太上道君《たいじょうどうくん》が多くの神仙を引き連れて現れた。道君はいう。

「いま国王は跡継ぎがない。この子を社稷の主とするように」

夢から覚めると、皇后は妊娠していた。一年を経た丙午《へいご》の年、正月九日午《うま》の時に王宮において玉皇上帝は誕生した。しかしその後、国を捨てて修行し、人のために尽くし、三千二百劫《ごう》を経て、初めて金仙《きんせん》となった。その号を「清浄自然覚王如来《せいじょうしぜんかくおうにょらい》」という。どうみても、この話は釈迦如来の伝の焼き直しである。その称号の「覚王」も、もともとは仏陀《ぶつだ》に使われるものである。こういったところで、道教が仏教をマネした部分が露呈する。


もともと玉皇上帝の地位は、唐代以前の道教ではそれほど高くなかった。のちに宋代になると、宇宙の支配者としての地位が確定する。民間信仰ではそれを受けて、玉皇上帝を天界の最高神とみなす。天界のすべての神々は、玉皇上帝の支配下にある。そして「神を封ずる」のは玉皇上帝の役目である。そういう意味では、『封神演義』の設定は、ややズレている。『西遊記』では、孫悟空は玉皇上帝の命により、斉天大聖《せいてんたいせい》という神の地位をあたえられる。玉皇上帝が長い長い時間をかけて、徳を積み修行したということは、『西遊記』においても語られている。

図16　『三教捜神大全』東華帝君の挿絵

東華帝君と西王母

東華帝君《とうかていくん》と西王母《せいおうぼ》は、古くから信仰されている仙人である。東華帝君は、かつては東王公《とうおうこう》と呼ばれていたが、宋代以降、東華帝君の称号のほうが一般的となる。西王母は、また瑶池金母《ようちきんぼ》とも呼ばれる。

『三教捜神大全』では、「東華帝君」と「西霊王母」のふたつの項目があり、それぞれ東華帝君と西王母の来歴が記されている。ただ、別々の項目でありながら、文章はかなりダブっており、このあたりにも、『三教捜神大全』の編者のやる気のなさが感じられる。その「西霊王母」の項目の概略は次の通りである。

西王母は、九霊太妙《きゅうれいたいみょう》亀山《きざん》金母《きんぼ》という。また別の号としては、太虚九光《たいきょきゅうこう》亀台《きだい》金母《きんぼ》元《げん》君《くん》ともいう。むかし、道気《どうき》が固まり、無為にして万物《ばんぶつ》を化《か》したとき、まず東華の気が化して木公《もくこう》となった。木公は海のうえに生じた。陽の気を東方において治めるのがその役割であり、号して「東王公」といった。西華《せいか》の気は化して金母となった。金母は東王公とともに陰陽の気を治め、天地を養育した。

この文章自体は『歴世真仙体道通鑑《れきせいしんせんたいどうつがん》』など、ほかの資料にもみえており、丸写ししただけのものである。男性の仙人を統御するのが東華帝君であり、女性の仙人を治めるのが西王母である。

図17　遼寧の娘娘殿に祀られる西王母像

西王母は代表的な仙人であり、数多くの資料にその名がみえる。ただ、『漢武帝内《かんぶていない》伝《でん》』では美しい婦人の姿で登場するが、『山海経《せんがいきょう》』においては身体が虎《とら》で豹《ひょう》の尾を持つという恐ろしい姿をしている。『三教捜神大全』など、のちの時代のイメージでは、当然ながら高貴な婦人の姿である。戯曲などにおいては、許飛瓊《きょひけい》と董双成《とうそうせい》という美しい女性の仙人を配下に従えて登場する。西王母が有する仙桃《せんとう》は、不老長寿の効果があるという。『西遊記』で孫悟空が盗んで食べるのがこの仙桃である。

西王母を祀る廟は、数多く存在する。また廟のなかで、女神を祀る「娘娘殿《にゃんにゃんでん》」がある場合、よく一緒に祀られている。女性の仙人の代表的な存在だからであろう。

西王母に比べると、東華帝君はややめだたない存在である。道観で祀ることはあるものの、民間の廟でみることは少ない。

媽　祖

『三教捜神大全』には、海や山、河川などの自然を司る神々の伝も記されている。そのなかでも特に有名な存在は、海神である媽祖である。

もともとは福建《ふっけん》地方だけの神であったが、渡航する商人たちの信仰がどんどん伝わっていったようで、広東《カントン》に広がり、浙江《せっこう》・台湾まで浸透し、山東《さんとう》にも伝わった。ベトナムやマレーシアなど東南アジアにも媽祖廟は数多く存在し、日本では長崎の唐寺《とうでら》に、江戸時代につくられた媽祖堂が存在する。中華圏に限られることなく、アジア一帯に広がっているのが、媽祖の信仰なのである。

媽祖というのは、ある意味俗称であり、称号としては天后《てんこう》・天上聖母《てんじょうせいぼ》とされることが多い。やや古くは天妃《てんひ》と称された。「天后廟」とあれば、すなわち媽祖廟のことを指す。

その姓は林《りん》、名は黙娘《もくじょう》とされる。おそらくは、宋代に実在した人物である。信仰の中心となるのは、福建の莆田《ほでん》にある湄洲島《びしゅうとう》で、いまは媽祖廟の総本山のような

図18　福建莆田の媽祖本廟の媽祖像

位置づけとなっている。莆田の湄洲島に行くと、その壮麗な廟建築に驚かされる。福建と広東では、媽祖廟をあちこちでみかける。台湾における媽祖信仰の発展ぶりは、ほかの地域とまた全然違う。「大甲《だいこう》媽祖」と呼ばれる、三〇〇キロにおよぶ巡礼活動は、数十万人の参加があり、世界的にも有数の宗教行事となっている。また台南《たいなん》の大天后《だいてんこう》宮《きゅう》、鹿耳門《ろくじもん》の天后宮など、有名な廟もたくさんある。

『三教捜神大全』には「天妃娘娘」の項目があり、そこではだいたい次のような話が書かれている。

媽祖の姓は林、莆田の湄洲島の出身である。母の陳氏《ちんし》は、夢に観音菩薩から花をあたえられ、それを飲むと妊娠していた。胎にあること十四箇月、唐の天宝元年三月二十三日に生誕した。五歳のときに『観音経』に通ずるなど、幼いころから才があった。長じてからも嫁ぐことなく、亡くなってからもさまざまな霊験を顕した。のちに、湄洲島に廟が建てられることになった。

媽祖の伝記は数多くのバリエーションがあり、ここでみられるのは、あくまでひとつのパターンである。奇妙なことに、同類の書であるはずの『捜神記大全』では、媽祖の記事の内容は大幅に異なっている。

媽祖は莆田の人である。宋の巡検《じゅんけん》である林愿《りんげん》の娘で、生まれてからすでに聡明であった。人物の禍福を預言し、外れることはなかった。没してのちは、湄洲島に廟が建てられた。

『三教捜神大全』の記事では、媽祖は唐の時代に生まれ、一般家庭に育ったものとする。しかし、『捜神記大全』では、官僚の娘であり、宋代の人物であると書かれる。もともと、媽祖は庶民の娘、あるいは巫女であったと考えられる。しかし、のちになると官僚の娘とされる、といった形で、どんどん地位があがっていく。もともと伝記のあるような人物でなかったのだろうが、信仰がさかんになったため、次々と事績がつけ加えられていったのである。「天妃」「天后」という称号からみるに、もはや民間の海神ではなく、上位神仙の地位にあるという形である。実際、現在は道観においても、そのように扱われるようになっている。

媽祖の配下の神としては、遠くを見通す千里眼《せんりがん》と、遠くの音を聞く順風耳《じゅんぷうじ》というふたつの鬼があることは、よく知られている。ただ、『三教捜神大全』では、そのあたりが明確化されていない。実のところ、媽祖の配下に千里眼と順風耳が加わる時期はやや遅れるので、むしろ古い記録にはそのことが載っていないことがある。

現在では、海神であり、商船の守護神である媽祖の信仰は、絶大なものがある。中国の南方には、ほかにも多くの海神が存在していたが、媽祖に圧倒されて、ほとんど衰えてしまった。また、ほんらいの海神であった四海龍王《しかいりゅうおう》の四兄弟なども、この媽祖の配下に組み入れられてしまっている。

東岳大帝

中華圏では、山には山の神、川には川の神、都市には都市の神、村には村の神がいて、それぞれその地域を守護していると考えられている。天界の官僚機構が、網の目のように張りめぐらされているわけである。

山の神は山神、都市の神は城隍神《じょうこうしん》、村の神は土地神《とちしん》と呼ばれる。お寺の境内を守護する神は伽藍神《がらんしん》となる。

そして、大きな山の神、大きな川の神の地位は高くなる。中国を代表する山、すなわち

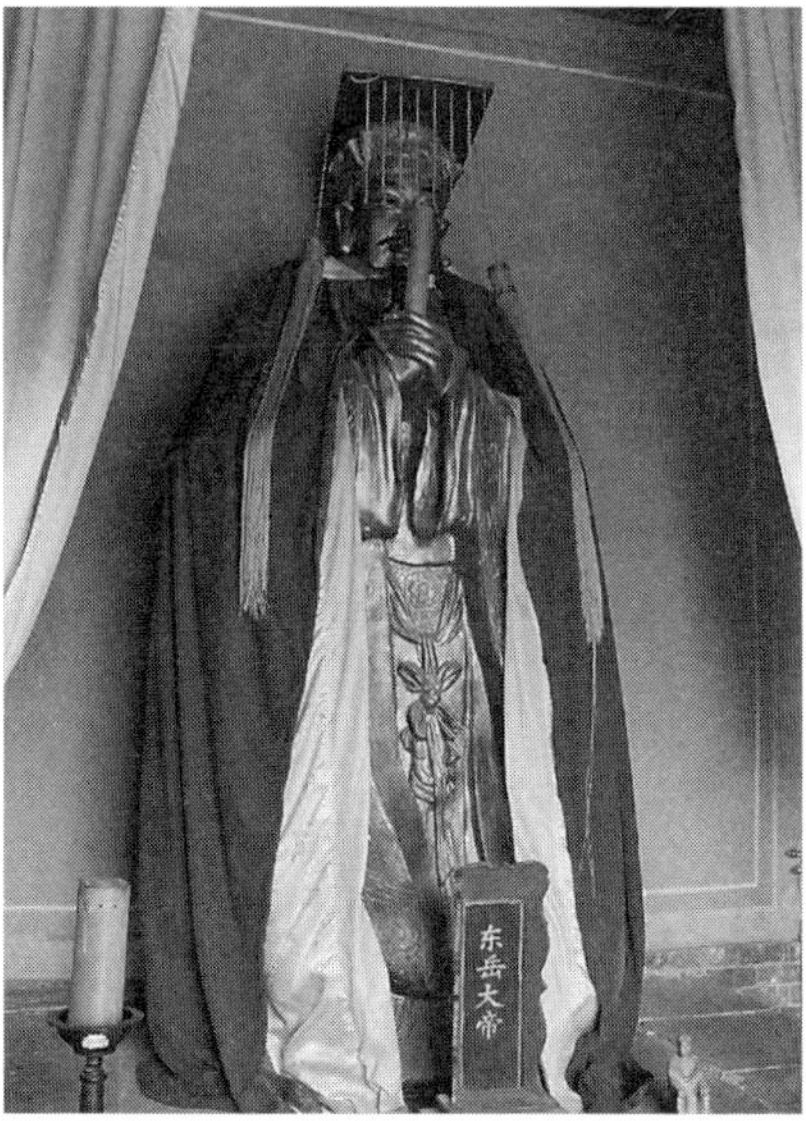

図19　北京妙峰山の東岳大帝像

東岳《とうがく》・南岳《なんがく》・中岳《ちゅうがく》・西岳《せいがく》・北岳《ほくがく》の五つの山を、五岳《ごがく》と称する。この五つの山の神が、中国ではもっとも地位の高い山の神となるわけである。一般的に、東岳は山東の泰山《たいざん》、南岳は湖南《こなん》の衡山《こうざん》、中岳は河南《かなん》の嵩山《すうざん》、西岳は陝西《せんせい》の華山《かざん》、北岳は山西《さんせい》の恒《こう》山《ざん》を指すとされる。ほかの山にあてることもある。

『三教捜神大全』では、五岳について、ひとつひとつに項目が立てられている。ただ、東岳以外の項目は短い。「東岳」の項目の概略は次の通りである。

泰山は群山《ぐんざん》の祖、五岳の宗となる山である。天帝の孫であり、神霊の府である。泰山の神は人々の貴賤の上下、財禄の長短を司る。また十八地獄、命運の簿を管理する。泰山の神には五人の男子と一人の娘がある。五人の子は、宣霊侯《せんれいこう》・恵霊侯《けいれいこう》・炳霊王《へいれいおう》・尽鑒尊師《じんかんそんし》・祐霊侯《ゆうれいこう》である。娘は、玉女大仙《ぎょくじょたいせん》である。

『三教捜神大全』では、第三子の炳霊公については、「至聖炳霊王」という項目が別に立てられている。当時は、炳霊公信仰もさかんであったことが看取できる。

泰山の神を東岳大帝と称する。ただ、この称号はだいぶあとになってからのものである。泰山は、孔子も登り、秦の始皇帝《しんのしこうてい》や漢の武帝《かんのぶてい》が封禅《ほうぜん》の儀を行った名山であり、古来、特別視されるものであった。

『三教捜神大全』にも、かつてはその位は「府君《ふくん》」にすぎなかったとある。「泰山府君」とも呼ばれることは、ここに来源がある。唐の玄宗《げんそう》のときに「天斉王《てんせいおう》」とされ、宋の真宗《しんそう》は「東岳天斉仁聖王《とうがくてんせいじんせいおう》」に封じたとする。

東岳大帝は冥界の支配者とも考えられ、人は亡くなったあと、魂はみな泰山に行くのだという考え方が強かった。むろん、冥界はそのほかの地域、たとえば四川《しせん》の酆都《ほうと》にあるという考えなどもあった。一方で、冥界は一〇人の王、すなわち十王《じゅうおう》が支配するという考え方もあり、現在ではむしろこちらが一般的である。東岳大帝は、十王のなかでは「泰山王」となって加わっている。

中国全土、また東南アジアにも、東岳大帝を祀る「東岳廟」が存在するが、地域によってあり方は異なっている。共通するのは、冥界の王としての恐ろしさを示し、地獄で断罪される罪人などの姿を描くことにより、人々を戒める役割を有するところである。

北京の朝陽門《ちょうようもん》を東に行くと、規模の大きな東岳廟がある。道教の道観であったところである。元の時代に建てられ、歴代改修されて現在に至っている。正一教《しょういつきょう》は南方の道教であるが、北京においてこの東岳廟を根拠地としていた。この廟のなかには、冥界の姿を描いたパノラマがあり、人気を集めていた。ただ、南方でみかける東岳廟の多くは、道観ではなく民間信仰の廟である。こちらでも、地獄の恐ろしい様子が示される。

しかし、東岳信仰の本拠地であるはずの泰山に登ると、また不可解な状況がある。すなわち、泰山にある廟の多くが、東岳大帝を祀っていないのである。泰山のふもとにある岱《たい》廟《びょう》については問題なく、ちゃんと東岳大帝を祀っている。しかし、いざ泰山に登ると、ほとんどの廟の祭祀の中心になっているのは、娘の碧霞元君《へきかげんくん》である。碧霞元君は、泰山《たいざん》娘娘《にゃんにゃん》とも呼ばれる。

山東・河北《かほく》・山西、また東北三省などの中国北方においては、この泰山娘娘の信仰が圧倒的である。各地に「娘娘廟」が存在する。泰山娘娘だけでなく、眼光娘娘《がんこうにゃんにゃん》など、ほかの娘娘神との組み合わせが多い。

いまや泰山でも碧霞元君の信仰が圧倒的であり、父親の東岳大帝の影は薄い。もっとも、福建や広東など、中国南方の東岳廟に行くと、今度は碧霞元君の姿がみえないため、やや古い冥界の主としての東岳信仰が強くみられる。北方と南方で、だいぶ信仰の様子が違っているのである。

もともと東岳大帝には娘はいなかった。別に玉女の神があり、これが東岳信仰に加わった形である。『三教捜神大全』において、「娘は玉女」と書かれているのは、その経過の過程を示しているのである。玉女は、のちに碧霞元君へと形を変えていった。

『封神演義』では、東岳大帝は黄飛虎《こうひこ》という武将として登場する。この影響で、東岳大帝の名は黄飛虎だと思われているところもある。また、黄飛虎の子である黄天化《こうてんか》は、炳霊公とされる。いまや一般では、炳霊公よりも黄天化のほうの知名度が高いかもしれない。なお、『封神演義』では東岳大帝の娘は出てこない。このことからも、碧霞元君があとから出てきた神だということがわかる。

水の神々

山の神があれば、川の神もある。さらに、水運業にかかわる商人たちは、これとはまた別に水運の神も奉じてきた。『三教捜神大全』では、河川の神、水運の神が、いわば雑然と収録されている。項目がダブっている神もあるのだが、編集がズサンなためか、統合しようという努力もしていない。

『三教捜神大全』の「四瀆《しとく》」の項目には、およそ次のようなことが書いてある。

江瀆《こうとく》、すなわち長江《ちょうこう》の神については、楚の大夫《たいふ》であった屈原《くつげん》が封ぜられている。その号は広源順済王《こうげんじゅんさいおう》である。河瀆《かとく》、すなわち黄河《こうが》の神については、漢の陳平《ちんぺい》が封じられている。その号は霊源弘済王《れいげんこうさいおう》である。淮瀆《わいとく》、すなわち淮河《わいが》の神については、唐の裴《はい》説《えつ》が封じられている。号は長源広済王《ちょうげんこうさいおう》である。済瀆《さいとく》、すなわち済水《さいすい》の神については、伍子胥《ごししょ》が封じられている。号は清源漢済王《せいげんかんせいおう》である。四つの大きな河川について、屈原・陳平・裴説・伍子胥がそれぞれ神として封じられている。屈原は入水して亡くなり、伍子胥は死後に遺体が川に流されたという経緯があり、それで水と関連の深い神とされているのであろう。

そして、伍子胥については『三教捜神大全』には別に「威恵顕聖王《いけいけんせいおう》」という項目があり、こちらでは別の王号で封じられている。これは要するにダブりなのであるが、編集者はあまり気にしていないようである。

この項目のすぐあとには、「祠山張大帝《しざんちょうたいてい》」の項目がある。張大帝は、もともとは安徽《あんき》の地方信仰であったものが、南宋の時代に大きく広まったものである。『三教捜神大全』ではおおよそ次のように述べる。

祠山聖烈真君《せいれつしんくん》は、姓を張《ちょう》、名を渤《ぼつ》、字を伯奇《はくき》といった。漢の神爵《しんしゃく》三年二月十一日に生まれた。長じてよりは寛仁大度《かんじんだいど》で、喜怒をあらわさず、身長は七尺、鼻が高く整った顔立ちで、美髯《びぜん》であった。

張大帝は治水に功ありとされて、水部の神となった。南宋から明にかけて、この神の信仰は中国南部一帯に普及した。しかしながら、のちには衰えたようで、いま張大帝を祀る廟は少なくなっている。『捜神広記』や『三教捜神大全』が書かれたころは、まだ信仰がさかんであったと考えられる。

南宋の寺院において、張大帝は寺院を守護する伽藍神ともなっていた。そして鎌倉時代の日本にもそれは伝わり、鎌倉の建長寺《けんちょうじ》・寿福寺《じゅふくじ》、京都の建仁寺《けんにんじ》・東福寺《とうふくじ》・泉涌寺《せんにゅうじ》などの寺院に、いまでも祠山張大帝の像が置かれている。もっとも、いまは信仰が衰えているためか、あまり注目されているとはいえない。

図20　鎌倉寿福寺の張大帝像

水運の神としては、ほかにも『三教捜神大全』では蕭公《しょうこう》と晏公《あんこう》の神があげられている。「蕭公爺爺《しょうこういえいえ》」の記事には、だいたい次のようなことが書かれている。

蕭公の姓は蕭、名は伯軒《はくけん》という。龍のような眉、蛟《みずち》のような髪を持ち、美髯であった。またその姿は、ずっと少年のような若さであった。しかしその性格は剛毅であった。のちに霊験をあらわし、江西《こうせい》の水運にかかわる者たちはその福にあずかった。

「晏公爺爺」の項目は、ほぼ次のような内容が書かれている。

晏公は、その名を戍仔《じゅっし》という。江西の臨江府の出身である。濃い眉に虬髯《きゅうぜん》（縮れたほおひげ）を有し、その顔は真っ黒であった。死後、霊験をあらわし、水運にかかわる者たちは恩恵を蒙った。

蕭公も晏公も、江西一帯の水神であったものが、南方全土に広まったものである。ただ、現在では、これらの神を祭祀する廟は少なくなっている。『三教捜神大全』は、あくまで当時の信仰を反映したものである。

蕭公と晏公の源流は、蕭何《しょうか》と晏嬰《あんえい》ではないかと個人的には疑っているが、これにはまったく根拠がない。あくまで憶測としておく。

なお『捜神記大全』のほうでは、蕭公と晏公のあとに、「宗三舎人《そうさんしゃじん》」と「楊四将軍《ようししょうぐん》」のふたつの神について、記事がなく、タイトルだけ載せられている。こちらも地方の水神である。なぜ記事が削られているかについては、不明である。

風伯雨師と雷公

自然ということでは、風や雨、雷などの現象も、それぞれ司る神がいると考えられていた。風の神は風伯《ふうはく》、雨の神は雨師《うし》、雷の神は雷公《らいこう》と電母《でんぼ》とされている。

もっとも、風伯と雨師は、『風俗通義《ふうぞくつうぎ》』にも記載がある。古くからずっと続いている神である。とはいえ、その中身はだいぶ変化している。民間信仰においては、古くからある神々は、名称だけが残り、その中身がすっかり入れ替わってしまうことがよく起こる。

『三教捜神大全』には、「電母神」「風伯神」「雨師神」の項目が並んでいる。これがまた奇妙なことに、挿絵と文章の中身が全然一致していない。挿絵には、鏡を手にして雷を放つ電母、風を獣の頭から吐きださせる風伯、枝につけた水滴をまく雨師の姿が描かれている。民間信仰でよく知られた姿である。ところが、文章をみると、電母のところには「東《とう》王公《おうこう》が玉女に壺をわたすとき、誤って失敗するとき、天がこれを笑うため、光が放たれる」とある。肝心の電母については、ほとんど何も述べない。風伯は「飛廉《ひれん》である」といい、かつ「応劭《おうしょう》いわく」として『風俗通義』の文章を引いて説明する。しかしこれがまた、『風俗通義』の現行の文章とかなり違っている。飛廉とは神獣《しんじゅう》であり、頭の部分が鹿であり、身体は鳥となっている。ツノがあり、尾はヘビのようであるという。雨師については、「商羊《しょうよう》である」とする。商羊も神獣であり、一本足の鳥である。

実のところ、『三教捜神大全』の挿絵については、ほかの本からの丸写しである場合が多く、文章と合わないところは珍しくない。ただ、ここまで乖離しているのも珍しい。実

図21　『三教捜神大全』電母・雨師・風伯の挿絵

際には、挿絵にみられるような風伯雨師が、現在も知られている形に近い。

『西遊記』で、有名な虎力大仙《こりきたいせん》・鹿力大仙《ろくりきたいせん》・羊力大仙《ようりきたいせん》と法術比べを行う段がある。このうち、虎力大仙とは雨乞いの術を競うのであるが、この箇所には当時の風の神・雨の神などがすべて登場する。風に関連する神としては、巽二郎《たつみじろう》と風婆婆《ふうばば》で、風を起こす袋を持っている。雨については、四海龍王の四兄弟が登場する。雲については、推雲童子《すいうんどうじ》・佈霧郎君《ふむろうくん》の二名が出てくる。雷については、雷公と電母、それに元帥神《げんすいしん》である鄧天君《とうてんくん》が登場する。孫悟空は、これらの神に直接指示して、雨乞い勝負に勝つのである。

『封神演義』では、雷公と同じ姿をしているのは、雷震子《らいしんし》である。また電母と同じ姿であるのは、金光聖母《きんこうせいぼ》である。『封神演義』の民間信仰への影響力は大きく、いま廟をみると、雷公が雷震子に、電母が金光聖母になってしまっているのも、よくみかける。雨師については、仙人の赤松子《せきしょうし》をこれにあてる場合がある。一般に知られている雨師の像は、むしろ赤松子のものである。

武勇の神々と神僧

元帥神

『三教捜神大全』は、『捜神記大全』などに比べて、武勇の神々、すなわち武神を記載することに力を入れている。特に「元帥」という宋代以降に発展した神々について、詳しく記しているところに特色がある。

元帥神は、宋代以降に発展した道教の雷法《らいほう》という呪術において活躍する神である。それまでの道教の神とは、かなり異なった性格を持つ神となっている。その姿も、三眼であったり、三頭・九頭であったり、腕が六本や八本だったり、異様な形をしている。あきらかに、仏教の密教《みっきょう》の影響を受けて成立した神である。元帥神のいくつかは、明王《みょうおう》に近い姿をしている。そもそも、蒼頡《そうけつ》など、中華圏では眼が四つの神が主流であった。三眼の神が多く登場するようになるのは、密教が中国で発展して以降である。

さらに、元帥神は歴史上の人物などを取りいれ、それを雷法の武神として扱うようになる。実は、関帝はもともと道教においては「関元帥」という形であり、元帥の一員であった。温元帥《おんげんすい》・関元帥・馬元帥《ばげんすい》・趙元帥《ちょうげんすい》、この四名を「四大元帥《しだいげんすい》」と呼ぶ。これも仏教の四天王からコピーしたものである。いまでも、武当山《ぶとうざん》などの伝統的な道観に行くと、この四大元帥が前に控えている像がみられる。

元帥の数は三六名だとされるが、数え方はかなりアバウトで、『道法会元《どうほうかいげん》』という雷法の経典をみると、無数ともいえる元帥神がある。また元帥は、「天君《てんくん》」「将軍《しょうぐん》」「使者《ししゃ》」「太保《たいほう》」などの呼称もある。たとえば、鄧元帥《とうげんすい》は鄧天君《とうてんくん》と称されるほうが多い。

『三教捜神大全』に収録される元帥神については、次の通りである。

趙元帥・王元帥・謝天君・龐元帥・李元帥・劉天君・王高二元帥・田華畢元帥・田呂元帥・党元帥・石元帥・副応元帥・楊元帥・高元帥・馬元帥・温元帥・朱元帥・張元帥・辛興苟元帥・鉄元帥・殷元帥・張真君・康元帥・田元帥・孟元帥

主要な元帥の多くが含まれる一方で、雷部の代表的な神である鄧天君が入っていなかったりする。『三教捜神大全』の編者が、なぜこれらの元帥を選んだかについては、どうもよくわからない。

さて、たとえば高元帥《こうげんすい》の伝には、およそ次のようなことが書かれている。

図22　『三教捜神大全』高元帥の挿絵

高元帥は始元《しげん》の気を受け、太《たい》乙《いつ》の精を受け、その身を蒼《そう》州《しゅう》の高春公《こうしゅんこう》のもとに生まれることとなった。母は梅氏《ばいし》である。甲子《こうし》の年、十一月に生まれたが、そのときに一団の火光が輝いたことから、父母はこれを妖怪とみなし、川に捨てた。それをみていた薬師《やくし》天尊《てんそん》は、この子を拾って弟子とした。天尊は高員《こういん》という名を授けた。のちに医術を施すことになった。玉帝はその仁徳を思い、高元帥に封じた。

高元帥は、たまに道観などでその姿をみかけるが、だいたい医薬の神としての扱いである。

なお、この「親に捨てられた子が仙人に拾われて弟子となる」というパターンは、殷元《いんげん》帥《すい》などにも共通するもので、ある意味、定番のエピソードである。『封神演義』にも似たようなパターンは何度も出てくる。そもそも『西遊記』の三蔵法師《さんぞうほうし》玄奘《げんじょう》も、川に流されて拾われた子どもである。

その殷元帥については、次のような話が書かれる。

殷元帥は殷の紂王《ちゅうおう》の子である。その母は皇后の姜氏《きょうし》である。ある日、姜皇后は宮園に遊び、地に巨人の足跡があるのをみつけた。姜皇后がその足跡を踏みつけてみたところ、孕んでおり、殷元帥が生まれた。生まれたときに肉の球に包まれていた。当時、紂王の寵愛を受けていたのは妲己《だっき》であり、王に皇后が妖怪を生んだと讒言《ざんげん》した。紂王はこれを陋巷《ろうこう》に棄てた。たまたま申真人《しんしんじん》がそこを通りかかった。真人が近づいてこれを視るに、肉の球であった。剣をもってこの肉球を割いたところ、赤子を得た。その郊外に棄てられたことにちなみ、幼名を殷郊《いんこう》といった。のちに、殷元帥は武王《ぶおう》が紂王を討伐したのに参戦した。牧野《ぼくや》に至ったとき、雷震子などを率いて、先鋒となって戦った。商の兵と戦うと、軍の前方の兵士は戈《ほこ》を逆さにして後ろの軍に襲いかかり、血は流れて杵《きね》を漂わせた。玉帝は殷元帥に封じた。

この当時、この殷元帥の話は広まっていたようで、『武王伐紂平話《ぶおうばつちゅうへいわ》』などの通俗小説にも、ほぼ似たような内容が描かれている。

民間信仰の世界であれば、この話はそれなりに受けいれられるであろう。しかし、読書人がこの話をみた場合、「なぜ武王は紂王の子であるはずの殷郊を次の王としないのか」

図23　上海白雲観の殷元帥像

という疑問がわき、その矛盾に気がつくはずである。『封神演義』の作者は、さすがに読書人の立場から、この矛盾を気にしたようで、殷郊の話を逆の結末に書きかえている。すなわち殷郊は、最終的には殷の味方になって亡くなる。現在では、殷元帥については『封神演義』のほうの話が有名になってしまっている。

元帥の多くは、生前に功績があり、死後、玉帝によって元帥の職に封じられるというパターンである。これらの元帥神は、『北遊記《ほくゆうき》』という小説にも登場する。ただ、『三教捜神大全』と『北遊記』とでは、その名前や由来がかなり異なっていたりする。

玄天上帝

元帥神を統御する存在として、道教ではふたつの神を想定する。ひとつは雷声普化天尊《らいせいふかてんそん》、もうひとつは玄天上帝《げんてんじょうてい》である。民間では、李天王《りてんのう》や哪吒太子かもしれない。現在では、普化天尊と玄天上帝では、玄天上帝の知名度のほうが高い。

小説『北遊記』の主人公である。

玄天上帝信仰の本山とされるのが、湖北《こほく》の武当山《ぶとうざん》である。武当山の道観は、世界遺産にも登録されているもので、明代の壮麗な建築群が残されている。東南アジアにおいても、玄天上帝廟はあちこちでみかける。明代においては、関帝信仰を凌駕していた面もある。当時は玄天上帝のほうが武神を支配する立場であり、関帝は、あくまでその配下の元帥神のひとりであった。

万里《ばんり》の長城《ちょうじょう》に象徴されるように、漢民族の脅威は北方だと考えられていた。そのため、仏教の毘沙門天《びしゃもんてん》、すなわち四天王《してんのう》の北方のみが特別視された時代もある。その後、宋代以降は玄天上帝がこれに代わって北方の守護者となった。

ではなぜ、湖北の武当山が北方守護の拠点となるかというと、これは南宋時代の係争地の近くだからである。北方からは金《きん》、あるいは元が攻めてきて、これに対抗することとなった。この時に活躍した武将である岳飛《がくひ》も、のちに元帥神のひとりとして神格化されることになる。

玄天上帝とは、もともとは玄武《げんぶ》が人格神となったものである。すなわち青龍《せいりゅう》・朱雀《すじゃく》・白虎《びゃっこ》・玄武という四霊《しれい》のひとつである。道教では、北方を守護する四つの神、天蓬元《てんぽうげん》帥《すい》・天猷元帥《てんゆうげんすい》・黒煞神《こくさつしん》・真武神《しんぶしん》があると考えていた。真武とは、玄武のことであり、宋代

図24　上海白雲観の玄天上帝像

では「玄」の字が使えなかったため、「真武」と称された。ただし、玄武のもとである亀と蛇については、真武の配下の神となってしまった。亀将軍、蛇将軍という位置づけである。

そして真武はさらに発展して玄天上帝となった。玄天上帝は、冠をかぶらずに披髪《ひはつ》、すなわち、ざんばら髪に裸足という異様な姿をしている。手には七星剣《しちせいけん》を持つ。これは北斗七星の象徴である。

玄天上帝は、武神であり、北方守護の神であり、また水神でもある。媽祖の信仰が強くなる前には、水神として重視されていた。また星の神でもある。『三教捜神大全』の「玄天上帝」の項目の概略は次の通りである。

玄天上帝は元始《げんし》の化身である。歴代、世に下ったが、黄帝《こうてい》のときに玄天上帝として誕生した。海外の浄楽国の国王の子として、皇后の善勝《ぜんしょう》夫人《ふじん》の胎内にあること十四箇月、三月三日に誕生した。誕生のときに、いろいろな奇瑞《きずい》が現れた。太子となった玄天上帝は、若くして有能さを示したが、のちに国を捨てて、武当山に行って修行する。四十二年間の修行ののち、玉帝によって玄天上帝に任じられた。周《しゅう》の武王が紂王を討伐したとき、世は乱れた。それに乗じて六天魔王《ろくてんまおう》が暴れる。魔王は巨大な亀と蛇となって戦うが、玄天上帝はこれを踏みつけて降参させる。

前半は玉帝と同じで、釈迦如来の話のコピーである。後半の話は、実は道教の三天《さんてん》と六天《ろくてん》の争いの話をベースにしているが、単純な妖怪退治ものになってしまっている。亀と蛇は、このように悪行をなしていたものが、のちに玄天上帝の配下となる。

そしてまた、「武王が紂王を討伐するときに応じて天界の秩序も整える」という話は、『封神演義』の源流となった。また同時に、この玄天上帝の逸話を引きのばして、小説としたものが『北遊記』である。そういう意味では、この玄天上帝の記事が後世にあたえた影響は大きい。

北京の紫禁城《しきんじょう》で、明代のそのままの姿を保存する欽安殿《きんあんでん》は、この玄天上帝を祀ったものである。その壮麗な姿は、いかに明王朝がこの神を重視したかが、うかがえるものとなっている。聖地である湖北の武当山のほか、広東の仏山《ふつざん》にある「祖廟《そびょう》」も有名である。壮麗な広東式の廟であり、地域の中心となっている。ジェット・リー主演のカンフー映画

『黄飛鴻之二《ワンフエイホン》』において、黄飛鴻がわざと「神が降りた」と称して戦う場面があるが、この神が玄天上帝である。これは仏山と玄天上帝の関係が深いことを反映したものであろう。

なお、玄天上帝は鎌倉時代の日本に伝来して、武神としての信仰が発達したが、別の神である妙見神《みょうけんしん》として祭祀されることになり、やや混乱した状況となっている。いま妙見関連の神社や寺院に行くと、亀と蛇を踏みしめた、披髪《ひはつ》の妙見神の像がみられる。むろんこれは玄天上帝の姿である。

関聖帝君

『三教捜神大全』では、関帝は「義勇武安王《ぎゆうぶあんおう》」との称号で記事が採録されている。すなわち、「帝君」となる前の姿である。ただ、すでに元帥からは一段、上の存在になっている。その「義勇武安王」の項目の概略は次の通りである。

義勇武安王の姓は関《かん》、名は羽《う》、字は雲長《うんちょう》である。漢の末にあたり、張飛《ちょうひ》とともに劉備《りゅうび》を補佐して義兵を起こした。劉備が蜀《しょく》を保有すると、関羽は荊州《けいしゅう》を治めたが、不幸にして呂蒙《りょもう》の計にかかり、屈せずして亡くなった。宋の時代になると、解州《かいしゅう》の塩池にて、いにしえの神である蚩尤《しゆう》が暴れ、害をもたらしていた。そのとき、張天師《ちょうてんし》の推薦により、三国の関将軍が召されて害に当たることになった。関将軍は蚩尤と戦い、これを退治した。関将軍はこの功績により、義勇武安王に封ぜられた。

この記事では、関羽の生前の活躍については、ほとんど書かれていない。そして、記事の

図25　北京の関帝廟の関帝・周倉・関平

記述の大部分を占めるのは、解州の塩池における蚩尤退治の話である。またさらに奇妙なことに、『捜神記大全』のほうでは、この塩池の話はほとんどカットされてしまっている。『捜神記大全』では、この話は、むしろ関帝にふさわしくない説話と考えられているのかもしれない。

現在、中華圏でもっとも広く信仰されているといってよい関帝だが、宋代までは、一部を除いて、ほとんど祭祀されていなかった。隋《ずい》の時代に、天台宗《てんだいしゅう》の智《ち》顗《ぎ》が関帝を伽藍神にしたという逸話があるが、これも実際にはもっとあとになってから創作された話である。南宋の時期までに、伽藍神になっていたのは祠山《しざん》張大帝《ちょうたいてい》や招宝七郎《しょうほうしちろう》などの神であって、関帝ではない。関帝が伽藍神となったのは、おそらくは明代になってからである。

また関帝については、「山西の塩の商人たちが信仰を広めた」ということが強調されるが、それも時代は遅いと思われる。そのころから、関帝に財神《ざいしん》としての性格が付加されていく。しかし元代までの関帝は、「関元帥」「義勇武安王」であって、単なる武神にすぎない。「酆都元帥《ほうとげんすい》」という称号もあり、冥界の恐ろしい神とされている。そしてこの解州の塩池の話は、その原型と思われる話が『道法会元《どうほうかいげん》』に出ている。そちらをみると、関羽はまったく無名の神で、張天師もその名を知らないほどである。また塩池で害をなすのは蚩尤ではなく、単なる蛟《みずち》である。実際には、宋代における関帝への認識は、その程度だったと考えられる。

われわれは、いまの関帝信仰の隆盛をみて、どうしても過大評価になりがちであるが、関帝信仰は宋代には、ほかの武神に比べても、それほど地位が高くないことを考慮すべきであろう。

そして、関帝信仰が爆発的に発展するのは、むしろ清代である。武神の代表であった玄天上帝は、明王朝のテコ入れがあったぶん、清朝からはやや冷淡にみられる面があった。また民間で人気があった岳飛は、戦った相手が金国であり、それは清朝が金国を継ぐものと考えていることから、重視するのは非常に具合が悪い。関羽と岳飛は、それまで「関岳《かんがく》廟《びょう》」において一緒に祀られることも多かったのであるが、清朝の政策では岳飛が省かれ、関帝ばかりを尊ぶことになった。

まえにも書いた通り、関帝廟は、それこそ中華圏の至るところに存在する。日本でも、江戸時代、長崎の唐寺に関帝堂がつくられ、現在でも残っている。もっとも日本では、関帝は神としてはあまり意識されていなかったように思える。ただ、黄檗宗《おうばくしゅう》の寺では、関帝が伽藍神として扱われた。

馬元帥華光

明代において、関帝をむしろ凌駕する信仰を有していたのは、華光大帝《かこうたいてい》である。寺を守護する伽藍神としても、関帝の先輩にあたる。また早くから財神としての機能も持つ。

人気が高く、あちこちに廟があった神であるが、清朝からは急速に信仰が衰えていった。そういう意味では、関帝と反比例ともいう形をとる。いま華光大帝を知る人は、中華圏でも少なくなっていると思われる。ただ、広東と福建の北部では、まだ信仰が強く残っている。

かつて杭州《こうしゅう》には多くの華光廟があったと考えられるが、いまはひとつも残っていない。いや、廟は残っているのだが、なかの神がすっかり入れ替わってしまっている。有名な霊《りん》隠寺《にんじ》の近くにある「天下第一財神廟」という廟がそれで、もとは華光廟だったものが、な

図26　マカオの廟の華光大帝像

かの神を別の財神に置きかえてしまっている。

華光大帝は、また同時に道教の元帥神でもある。元帥としては、馬元帥となる。華光も、ほんらいは五顕《ごけん》神《しん》のひとつであったと考えられるが、それが馬元帥と融合して華光大帝となったか、あるいは逆に華光が発展して馬元帥となったかについては、不明な点が多く、よくわからない。

元帥のなかでも、馬元帥は「霊官《れいかん》」という地位にあり、馬霊官とも呼ばれる。『三教捜神大全』の華光の項目も、「霊官馬元帥」という題目となっている。その概略は次のとおりである。

馬元帥は三回の生まれ変わりを経ている。もとは妙吉祥《みょうきっしょう》といったが、妙吉祥が焦《しょう》火鬼《かき》を焼き殺したために、釈迦如来は心を痛められ、妙吉祥を下界に降《くだ》した。そこで五つの火光となって馬氏金母《ばしきんぼ》のもとへ投胎した。三眼であり、よって「三眼霊光《さんがんれいこう》」と名付けられた。生まれて三日で戦うことができ、東海龍王を斬って水の害を除いた。さらに紫微大帝《しびたいてい》の金鎗《きんそう》を盗んだ。また金磚《きんせん》を授かり、これは変化無辺であった。そして玉帝の命を受けて風火の神を討伐し、これを部下の風輪火輪使とした。その母が亡くなったために地獄に入った。玉帝はその功績が天地に等しいものとみなし、勅して馬元帥を玄天上帝の部下としたのである。

のちにこの話は発展して、小説『南遊記《なんゆうき》』となる。

華光大帝は、目が三つである。また金磚という特殊な武器を持っている。三角形をしているが、投げると敵を倒して、また手元に戻ってくる。そして、華光大帝は火神であり、敵を火で焼きつくす術を持っている。ここでは紫微大帝の槍というが、一般に華光が持つのは白蛇槍《はくじゃそう》という名であるとされる。

妙吉祥というのは、文殊菩薩《もんじゅぼさつ》の別号である。密教で、文殊菩薩はこう称される場合が多い。実のところ、三眼であることからもわかるように、華光大帝は密教から来た神である。そのために仏教との親和性が高く、仏教と道教の中間に位置する神とされた。伽藍神として、寺に祀られることも多かった。

現在、日本の黄檗宗の寺院に行くと、この華光大帝が伽藍神として祭祀されているのをみることができる。宇治《うじ》の萬福寺《まんぷくじ》の伽藍堂に行くと、三眼で金磚を持つ華光大帝の像が置かれている。黄檗宗が伝わったのは江戸時代初期、中国では明末で、まだまだ華光大帝の信仰がさかんであった。黄檗の影響で、曹洞宗《そうとうしゅう》の寺院にも、この華光大帝がいたりする。鶴見《つるみ》の総持寺《そうじじ》にある七郎神《しちろうしん》とされる像は、七郎ではなく華光大帝である。東京世田谷《せたがや》の豪徳寺《ごうとくじ》の像もそうである。意外に、日本でこの華光大帝像をみることは多い。

福建・広東以外では、東南アジアの廟で、華光大帝の姿をみることができる。ただ、こちらはこちらで、似たような姿を持つ二郎神《じろうしん》との混同が激しい。

華光大帝の源流については、烏枢沙摩明王《うすさまみょうおう》（ウッチェシュマ）であると指摘されている。おそらく正しい見解であると考えられる。さらに源流をたどれば、ヒンドゥー教の火神アグニであるとされる。さきにふれた殷元帥も、その源流は大威徳明王《だいいとくみょうおう》（ヤマーンタカ）であると考えられる。元帥神のかなりの部分が、ヒンドゥーの神をルーツとするものである。

二郎神

二郎神は、複雑な背景を持つ神である。

もともとは、戦国時代、四川で治水に功績のあった李冰《りひょう》と、その息子の李二郎《りじろう》が神となったものとされる。しかし、二郎というだけで姓が伝わっていないことから、のちには隋の時代の趙昱《ちょういく》が二郎神であるとされた。すなわち趙二郎である。

さらに、『西遊記』では二郎神の姓は「楊《よう》」で、楊二郎であるとされた。そして『封神演義』をみると、今度は二郎神の名は「楊戩《ようせん》」であるとされている。楊姓になった経緯は不明だが、あるいはまえに少しふれた、別の水神である楊四将軍の影響があるかもしれない。楊戩とは、『水滸伝《すいこでん》』にも登場する宦官《かんがん》であり、悪役で知られる人物である。どうしてこのような人物と、二郎神が同一視されるかについては、不明な点が多い。『封神演義』の楊戩は、玉鼎真人《ぎょくていしんじん》の弟子で、ほぼ万能の道士として活躍する。三尖刀《さんせんとう》を持ち、哮《こう》天犬《てんけん》という犬を連れている。七二の変化の術を使い、敵を翻弄する。『西遊記』においても、孫悟空と互角に戦える希少な存在である。

いまでは『封神演義』の影響力の強さから、二郎神は楊戩とされることが多く、ある意味では楊戩に、それまで存在したであろう、いくつかの二郎神の説話が集約される形となっている。これは民間信仰ではよくある現象で、ある神が有名になると、ほかの神の効能や説話が、ひとつの神に集約されていくのである。媽祖がまさにその例で、それまでの海の神の効能が、媽祖が有名になると、ほかの神の事績まで、どんどん媽祖ひとりに集約されていくという現象が起こる。

『三教捜神大全』をみると、そこに描かれる二郎神は趙昱である。すなわち、宋から明への過渡期の姿を示すものといえよう。そして、ここでは二郎神は「清源妙道真君《せいげんみょうどうしんくん》」とされる。

清源妙道真君の姓は趙、名は昱である。道士李珏《りかく》に従って青城山《せいじょうさん》に隠遁した。しかし、隋の煬帝《ようだい》は、趙昱が賢者であることを知り、召して嘉州《かしゅう》の太守《たいしゅ》に任命した。時に、蛟《みずち》が出て水害をなしたので、趙昱は怒ってこれを討伐した。趙昱に従って加勢した者が七名おり、これがのちに「七聖《しちせい》」となった。

ここにみられるように、二郎神の号は清源妙道真君であるが、この称号がイコール二郎神を指すものであるかどうかは、また議論のあるところである。ただ『封神演義』においても、この号は楊戩のものであるので、一般的には、そうみなして構わない。

なお、『三教捜神大全』でも、『捜神記大全』でも、二郎神は水神のグループに属するように配列されている。いまでは武神のイメージが強い二郎神であるが、実際には水神としての扱いが強かった。「水害をなす龍を退治する」というパターンも、民間信仰ではしばしばみられるものである。有名なのは許真君《きょしんくん》の龍退治であるが、哪吒太子が東海龍王と争うのも、このパターンに近い。

二郎神の配下の神としては、七聖が有名であるが、ここでは蛟を退治するのに協力した七名となっている。戯曲では、「眉山《びざん》七聖」として登場する。『西遊記』だと、「梅山《ばいざん》六兄弟」となる。「眉山」と「梅山」は、発音が似ており、ほぼ同じ山を指す。

しかし『封神演義』になると、七聖は「梅山七怪《しちかい》」となり、今度は楊戩と哪吒に退治される側となってしまう。これも、二郎神が趙昱の場合と、楊戩の場合とで、異なるものとなっているようだ。

瀟洒《しょうしゃ》で、気やすい印象を受ける二郎神であるが、有名な「宝蓮灯《ほうれんとう》」の物語では、妹の三聖母《さんせいぼ》と人間との恋を妨げる頑迷な神として登場する。三聖母の子である沈香《じんこう》は、このためにだいぶ苦労する。もっとも、この物語は、もともと二郎神のものであったのが、沈香に主人公が変わったもののようである。

図27　台湾屏東の廟の楊戩像

いま中国で二郎神を論ずる場合、ゾロアスター教の神が源流であるとする説が強くなっている。ゾロアスター教は祆教《けんきょう》、あるいは拝火教《はいかきょう》と呼ばれ、かつて中国でも一定の勢力があったが、のちに衰えた。ティシュタルという水神あるいは雨神が、二郎神とよく似た性格であるとされる。確かに、ティシュタルは、変化の術を駆使して敵と争うなどの物語があり、これは『西遊記』の孫悟空と二郎神の変化の術比べとそっくりである。さらにゾロアスター教では、犬を聖なる動物としており、これも二郎神との関連を思わせるものである。

一方で、二郎神はヒンドゥー教のシヴァ神（自在天《じざいてん》）との関連も古くから指摘されている。三眼であり、三つ叉の武器を持つなどの共通性があるからである。このほかにも、毘沙門天の第二子である独健《どくけん》の影響も指摘されている。さきにみたように、華光大帝は二郎神とよく似ており、こちらの影響もあると考えられる。

あるいは、多くの元帥神の場合と同じく、二郎神もまた、いろいろな神々の複合体であるともいえるかもしれない。

二郎神は、現在でも人気の高い神であり、四川の二王廟《におうびょう》をはじめとして、多くの廟で祀られている。またその物語は、映画やテレビドラマなどの題材となり、幅広く共有されている。

哪吒太子

哪吒太子の来歴も、また複雑である。

もともとは、毘沙門天（クベーラ）の子であるナラクーヴァラ（那羅鳩《ならく》婆《ば》）というヒンドゥー教の神であった。毘沙門天が四天王のひとりとして、中国で信仰が定着すると、哪吒もまた、仏教の神として扱われるようになった。唐の時代には、哪吒は毘沙門天の五人の太子、すなわち最勝《さいしょう》・独健《どくこん》・哪吒・常見《じょうけん》・禅膩師《ぜんにし》のなかのひとりという位置づけであり、あまりめだつ存在ではない。

仏の骨、すなわち仏舎利《ぶっしゃり》と縁の深い神で、長安《ちょうあん》の都には、哪吒が道宣和尚《どうせんおしょう》に献じたとされる仏舎利が、実際に存在したようである。この舎利は仏の歯の部分であるため仏牙舎《ぶつげしゃ》利《り》と呼ばれ、さらに貴重なものとされた。日本から留学した円仁《えんにん》がこの仏牙舎利について詳しく伝えている。釈迦如来が入滅したあと、仏舎利が鬼に盗まれたのを取りかえしたという伝承は、いまでは韋駄天《いだてん》のほうが知られているが、これとは別に、哪吒太子や毘沙門天が取りかえしたという話もある。いま鎌倉の円覚寺《えんがくじ》、京都の泉涌寺の舎利殿にある仏牙舎利は、この哪吒太子に由来するものであるとされる。鎌倉の三代将軍の源実朝《みなもとのさねとも》が道宣の生まれかわりで、この舎利を欲したという伝承もある。

図28　台湾鹿港の廟の哪吒太子像

禅宗では、哪吒太子が父母に身体を返して、親子関係を脱して説法したという話がある。これがのちに、蓮華の化身や、父親と争うという伝承に発展していった。

宋から元の時代になると毘沙門天

は分裂し、傘を持つ多聞天《たもんてん》と、塔を持つ李天王というふたつの神になった。李天王は、唐の武将の李靖《りせい》の信仰が発展したものである。そして李天王と哪吒太子は、むしろ道教の神であると考えられるようになった。『三教捜神大全』の哪吒太子の項目はおよそ次のような内容である。

哪吒はもと玉皇大帝配下の大羅仙《だいらせん》であった。世に魔王が数多く出現したので、玉帝は下界に降るよう命じた。托塔天王《たくとうてんのう》李靖の素知《そち》夫人は、長子の軍吒《ぐんた》（金吒《きんた》）を産み、次子の木吒《もくた》を産んでいたが、哪吒元帥は三男として誕生した。哪吒は生まれて五日に変化して東海にて水浴をしたため、東海龍王の水晶殿《すいしょうでん》を倒してしまった。そして身を翻して宝塔宮《ほうとうきゅう》に登った。龍王は宮殿を破壊されたために怒り、哪吒と戦った。哪吒は生まれて七日であったが、よく戦って九匹の龍を倒した。東海龍王はいかんともしがたく玉帝に訴えようとしたが、かえって哪吒の知るところとなり、天門の下で戦うことになった。このため龍王は殺されてしまう。また帝壇《ていだん》に登ると、手には如来弓《にょらいきゅう》箭《せん》を持ち、射て石記娘娘《せききにゃんにゃん》の子を殺してしまった。石記娘娘は兵を挙げて攻めてきた。哪吒は父の降魔杵《ごうましょ》をもって、戦ってこれを破った。父の李靖は石記娘娘が魔王の領袖であり、その死を恨んだ魔王たちが攻めてくるのではないかと、哪吒を叱った。哪吒はそこで肉を割いて父に還し、魂だけの存在となって釈迦如来のもとに現れた。如来はそのよく魔を降す力を評価し、蓮の葉や実を使って身体を作ってやった。玉帝は哪吒を三十六員大将の総領使《そうりようし》に封じた。この後、哪吒は天兵の領袖となり、永らく天界を守護することになったのである。

ここにはのちの『封神演義』に発展する哪吒太子説話の要素が、ほぼすべて入っている。ただ、生まれて七日で戦うなど、完全に神話に類するものである。『封神演義』では、神である李天王を将軍の李靖に変えたりするなど、人間界での話に改変してしまっている。哪吒を蓮華の化身とする役割も、釈迦如来から太乙真人《たいいつしんじん》に変更している。

李天王と哪吒は、『西遊記』でも最初に孫悟空を討伐する役割をあたえられている。代表的な天界の武将であった。のちに、『封神演義』が流行すると、李天王の天界の将としての立場は弱くなるが、哪吒はますます人気となる。哪吒は、現在では『封神演義』での姿が知られており、廟に据えられる像も、乾坤圏《けんこんけん》・火尖槍《かせんそう》・混天綾《こんてんりよう》を持ち、風火輪《ふうかりん》に乗るというものである。また戦う時は三頭六臂《さんとうろっぴ》に変化する。いま、風火輪に乗るのは哪吒の専売特許のように思われているが、華光など元帥神のいくつかは輪に乗る。そのことは庶民には知られなくなっている。これも『封神演義』の悪い影響のひとつかもしれない。このような哪吒の人気は、現在でも留まることなく、その物語は映画・テレビドラマ・アニメなどの数々の作品に反映されている。

しかし、毘沙門五太子のなかで、どうして哪吒だけがこれだけクローズアップされることになったかについては、不可解な面が多い。そもそも、毘沙門と五太子の信仰においては、李天王と哪吒だけが残り、兄である金吒と木吒はあとから加わったようにみえる。ちなみに、金吒は密教の軍荼利明王《ぐんだりみようおう》が道教神となったもので、木吒は泗州大聖《ししゆうたいせい》の弟子である木叉《もくしや》が、やはり道教神に転じたものである。もともと毘沙門とは関係が薄い。

これについては、近年、哪吒には別の神の影響があるとする説が提示されている。すなわち、ヒンドゥー教のクリシュナ神の影響があるとするものである。一見、結びつきのなさそうな両者であるが、その性格や背景には似た面がある。蓮華と深い関わりを持ち、大力無双《たいりきむそう》であること、多腕であることなどである。また偶然とは思えないのが、龍退治の話である。すなわち、クリシュナは多頭龍を討伐したという説話がある。

『三教捜神大全』の記事にもみえる哪吒の龍退治であるが、もっとも古い資料は、遼寧《りようねい》の遼《りよう》代の仏塔に収められていた哪吒と和修吉《わしゆきつ》龍王（ヴァースキ龍王）が戦うレリーフである。ヴァースキ龍王もまた九頭龍、すなわち多頭龍である。クリシュナと哪吒のあいだには、偶然と考えるには共通点が多すぎるため、なんらかの影響関係があるのではないかと推察する。二郎神と同じく、哪吒もナラクーヴァラやクリシュナなど、いくつかの神の複合体と考えるほうがよいのかもしれない。

図29　シンガポールの廟の趙公明像

趙公明　いまは財神として知られる趙公明であるが、その性格もなかなか複雑である。

もともとは、疫神《えきじん》である五瘟《ごおん》の神のひとりであった。五瘟とは、張元伯《ちょうげんはく》・劉《りゅう》元達《げんたつ》・趙公明・鍾士貴《しょうしき》・史文業《しぶんぎょう》の五名である。またの名を五瘟使者という。疫病を流行させるタタリ神である。おそらく、この時の趙公明は、いまの財神の趙公明とは姿が異なっていたと考えられる。現在よく知られている趙公明の姿は、黒い顔で、手に金鞭《きんべん》を持ち、黒い虎に乗るものである。財神として、金銀の財宝を持っていることもある。だが、五瘟の場合は西の担当で、五行の配当から白くなっている。

また趙公明は、道教の四大元帥のひとりで、趙元帥・趙玄壇《ちょうげんだん》とも称される。財神であると同時に、武神でもあるわけである。もっともこれは、関帝や華光大帝にも共通するものである。

『三教捜神大全』の巻三には、「趙元帥」として趙公明に関連する記事が載っている。元帥の姓は趙、諱《いみな》は公明であり、終南山《しゅうなんざん》の人である。秦のときの暴政を避けて山中にこもり、修養を重ねた。のちにその功が成ったため、玉皇上帝の勅旨により召され、神霄副帥《しんしょうふくすい》に封じられた。趙元帥は、天門の令を奉り、直殿大将軍《ちょくでんたいしょうぐん》、北極侍御史《ほっきょくじぎょし》に任じられた。

これによれば、趙公明は秦の時代の人物である。また終南山と関連が深い。

しかし、のちに『封神演義』で、殷の時代の人物にされ、さらに太師聞仲《たいしぶんちゅう》に協力して姜子牙《きょうしが》と戦うことにされてしまう。また終南山ではなく、峨眉山《がびさん》の道士ということになっている。『封神演義』では雲中子《うんちゅうし》が終南山に結びつけられているため、どうもワザと外したようである。現在では『封神演義』の話のほうがよく知られており、中華圏の廟の財神殿の説明には、だいたい「趙公明は殷の人で峨眉山の道士」と書かれている。ただ、陝《せん》西《せい》の終南山付近では、現在大きな財神廟をつくり、趙公明を祀っているようである。

問題は、なぜ趙公明が財神になってしまったかである。

財神、福の神というのは、古くからあるものではなく、神の機能が分化するとともに現れたものだと思われる。ここで重要なのは、仏教にともなって中国に伝来したヒンドゥー教の影響である。毘沙門天は、いま日本で七福神のなかにいることからわかるように、財富の神であった。

のちに、毘沙門天は四天王のひとつとしての傘を持つ多聞天、そして宝塔を持つ李天王に分化していく。北方守護という役割は、むしろ玄天上帝に機能が引き継がれていく。毘沙門天の「武神であり財神」という形は、どうも華光大帝や関帝、それに趙公明に受け継がれているように思える。

ただ、趙公明はもっと直接的には大黒天《だいこくてん》、すなわちマハーカーラ神の影響があるとされる。大黒天は、日本では七福神のひとつとなって有名になったが、現在の中国の寺院ではめったに像をみることはない。どうも、大黒天の機能は、趙公明に引き継がれたのでないかと推察する。ひとつは、その黒色という形象である。そもそも趙公明には黒色という特色はなかった。あきらかに、ほかの神の影響を受けて変容したのである。

なぜ大黒天が趙公明に、という疑問はあるが、これは烏枢沙摩明王が華光大帝に、軍荼利明王が金吒に変化したパターンと同じであろう。元帥神の多くは、ヒンドゥー教の神々を下地としている。趙元帥の場合は、名前だけ趙公明から借りてきて、大黒天の形象に結びつけたのであろう。

趙公明は、旧満洲国《まんしゆうこく》でお札の肖像に取りあげられたこともある。当時発行された一〇〇円札には、趙公明が描かれている。ちなみに、一〇〇円札は孔子である。なお、日本の明治期の紙幣で、大黒天が描かれたものがある。期せずして、大黒天と趙公明は、ともにお札の像になったわけである。

国家守護の神

『三教捜神大全』には、歴代の国家守護の武神が、ほぼすべて登場する形となっている。もともと、中国における国家守護の神は、それほど意識はされていなかったと思われる。明確になるのは、唐代に毘沙門天を特別視したあたりからであろうか。

中国の脅威となるのは、だいたい北方の異民族であった。六朝時代は異民族王朝に華北の地域が支配されることになったが、そのあとも遼・金が北方を支配することになった。そのためか、中国では北方の守護神が国家護持の神として利用されることになる。四天王のうち、北方守護の毘沙門天が特別視されていくのも、そういった事情があると考えられる。

不空《ふくう》訳とされる仏教経典『毘沙門儀軌《びしやもんぎき》』には、毘沙門天が国家の危機を救ったという話が出ている。もちろん、この経典は後世の偽作であるが、しかし毘沙門天の性格をよく示している。

宋代になると、皇室の祖先神として趙玄朗《ちょうげんろう》が設定された。ところが、この趙玄朗という神は、民間においては全然重視されていなかったようで、存在自体が薄められていった。どうも、趙玄壇とも称される趙公明に、取りこまれてしまったように思われる。ただ、趙公明には、北方守護の役割について、五行では黒で担当のはずが、あまり出てきていないように思える。

宋代は、北極四聖に北方守護の役割が期待された。すなわち、天蓬《てんぽう》・天猷《てんゆう》・真武《しんぶ》・黒煞《こくさつ》の四神である。北極紫微大帝《ほっきょくしびたいてい》の配下である四人の武神は、北宋と南宋を通じて、国家守護の役割を担うことになった。しかし、のちに真武が信仰を発展させ、玄天上帝という神として四聖から独立する。今度は、この玄天上帝が国家護持の役割をあたえられた。

明王朝は、この玄天上帝の信仰を異様ともいえるほど重視した。信仰の本山である武当山は、巨額の費用をもって道観が建築された。いまでも世界遺産になっているその宗教建築群は、明王朝がいかにその護持の役割に期待したかを示すものとなっている。武当山の頂上に行くと、玄天上帝の金の像があり、その像を囲む建物は、屋根から壁から、すべて銅でできている。いったいどれだけの費用と人手を必要としたのか、考えるだけで気が遠くなりそうなものである。

北京の紫禁城の北に、欽安殿という建物がある。明の時代に玄天上帝を祀るためにわざわざつくられた。その内装の豪壮さは、いまでも驚くほどのものがある。

しかし清朝になると、明王朝と同じ守護神を使うわけにはいかなくなった。そもそも、清の王朝自体が、北方の異民族を出自とするものである。前にみたとおり、明末から人気のあった武神には三国の関羽、すなわち関帝と、南宋の岳飛、すなわち岳王があった。ふたりをともに祀った「関岳廟」はかつてあちこちに存在した。忠義の将としての人気は、ほぼ伯仲するものがあった。清朝は意図的に、「北方からの守護」の役割を国家守護神から排したのではないかと推察される。北方が敵視されるのは困るのであろう。そのため、明朝にあれだけさかんであった玄天上帝信仰には、ややブレーキがかけられるようになった。また関帝と岳王については、関帝だけを優遇することにした。清朝では、むろん関帝が国家護持の神の役割をあたえられ、発展することになった。現在の関帝信仰の隆盛には、民間の人気もさることながら、国家的なテコ入れもじゅうぶんに作用していると考える。

宝誌と泗州大聖

僧侶であるにもかかわらず、寺院だけではなく、廟で祀られる人物がある。まえにも少しふれた済公《さいこう》がその代表である。お坊さんであるのに、神として扱われるのである。福建や台湾で祭祀がさかんな清水祖師《せいすいそし》もそうである。もちろん、寺でも祀られる場合もある。ある意味で、寺でも廟でも祀られる関帝に近いかもしれない。

『三教捜神大全』には、そのような僧侶の伝として、「泗州大聖」と「宝誌禅師《ほうしぜんじ》」の項目があり、当時信仰がさかんであったことがうかがえる。そして、かえって済公の項目がない。宝誌もまた、ナゾの多い人物である。六朝の宋から南斉《なんせい》、梁《りょう》の時期に活躍した僧侶だとされている。『三教捜神大全』の宝誌禅師の項目には、だいたい次のようなことが書かれている。

宝誌禅師は、若くして出家し、鐘山《しょうざん》の道林寺《どうりんじ》にいることが多かった。錫杖《しゃくじょう》を持っていたがそれには刀と鏡が結んであった。数日間、飲食しなくても平気で、よく歌を歌っていたが、それは実は予言の歌であった。怪しまれて投獄されたが、その後、何事もなかったかのように市場に現れた。そのような奇跡をたびたび行ったため、世の人から尊崇されるようになった。

宝誌は「誌公《しこう》」と尊称され、その信仰はさかんであった。しかし、のちに済公の信仰が強くなると、「誌公（チーコン）」の事績もどんどん「済公（チーコン）」と混同されていくようになる。奇矯《ききょう》な行いや、強力な神通力《じんずうりき》など、両者には共通点が多い。ある意味、済公への一本化がじわじわと行われていくといってよい。『三教捜神大全』に宝誌の伝があって済公の記載がないのは、済公の信仰が強くなる前の状況を反映するものであろう。その

図30　『三教捜神大全』泗州大聖の挿絵

意味では、済公もさまざまな「狂僧」たちの集合体といえるのであろう。日本で有名な、寒《かん》山拾得《ざんじっとく》の知名度がいまでは低くなっているのも、このあたりに原因がありそうである。

　泗州大聖の記事もあり、これも『三教捜神大全』が書かれた当時の流行を示すものといえる。

泗州大聖は、名を僧伽《そうぎゃ》（サンガ）といい、唐の時代、西域《せいいき》から中国に渡来した僧侶である。『三教捜神大全』では、泗州大聖は観音菩薩の化身であり、弟子には恵岸《えがん》・木叉らがいたと記されている。のちに、恵岸と木叉は同一人物と考えられるようになる。『西遊記』をみると、観音菩薩の従者として木叉が登場する。そして木叉は李天王の子という設定になっている。不可解なことに、『西遊記』では泗州大聖と観音菩薩は別個に登場し、ほぼ無関係の人物となっている。あるいは、伝承が変化したものであろうか。

　中華圏では、菩薩の化身という人物が出てくると、菩薩の信仰自体が、その化身のほう

図31　福州の寺院の弥勒菩薩像

に傾いてしまうという現象が起こる。たとえば、中華圏の寺院に行くと、まず目立つのは、でっぷりと太った布袋和尚《ほていおしょう》の像である。しかし、この像は「弥勒菩《みろくぼ》薩《さつ》」の像とされる。布袋和尚は弥勒菩薩の化身であるとされているため、布袋の像はすなわち弥勒の像なのである。というより、日本でみられるような、スマートな弥勒の像は、中華圏ではめったにみない。沖縄のミルク神も、この弥勒の姿であり、でっぷりと太っているのはそのためである。

地蔵菩薩も、その化身の金喬覚和尚《きんきょうがくおしょう》のほうがすっかり有名になっている。唐の時代に新羅《しらぎ》からやってきた王子さまであるが、出家して中華の地にやってきた。

のちに地蔵菩薩の化身であることがわかったという。いま地蔵の像は、金喬覚であらわされることも多い。『三教捜神大全』の巻七には、この伝説のやや古い形がみえている。それによれば、地蔵菩薩は新羅の僧であり、安徽の九華山《きゅうかざん》の地に修行にやってきた。亡くなってから、人々は地蔵の化身であることに気がついたというのである。しかし、『三教捜神大全』では、特に王子であるとかは述べていない。おそらく、いまの地蔵菩薩の説話は、清代に発展したものであろう。

観音菩薩と泗州大聖は、このような関係にはならなかった。あくまで別個の扱いとなる。もっとも、中華圏の観音菩薩は、妙善《みょうぜん》という王女であったという伝承があり、完全に女性の姿をしている。『封神演義』では観音は「慈航道人《じこうどうじん》」という名称になっており、こちらの名で呼ばれることも多い。もっとも、慈航道人は男性という設定のはずであったが、いま廟で祀られる慈航道人は、女性の姿をしていることも多い。中華圏と日本では、弥勒菩薩と地蔵菩薩、それに観音菩薩の像がやや異なるものとなってしまったが、これは明清期に発展した信仰が、日本にはあまり入ってこなかったからである。

道教の神仙世界

古い時期の神々と仙人

古代の神々

　これまで紹介してきた比較的新しい神々とは別に、中国には古代からの神々が存在している。そういった神々の多くも、信仰自体は継続しているが、関帝《かんてい》や媽祖《まそ》などの新しい神々に比べると、やや影が薄い。

たとえば、有名な神農《しんのう》である。三皇《さんこう》のひとつに数えられ、また人類に医術を授けた医薬の神として知られる。日本でも神社などに祀られることがあり、その知名度は高い。

しかし民間の廟《びょう》において祀られることは少ない。医薬の神を集めた薬王廟《やくおうびょう》で、医薬の祖として一緒に祀られることはある。同様に、保生大帝廟《ほせいたいていびょう》のうしろにも祀られている。この場合は、中心になるのは薬王である扁鵲《へんじゃく》・華陀《かだ》・孫思邈《そんしばく》などのほうであり、神農は脇の神という形である。ただ保生大帝廟では、後方でやや大きな扱いを受けている場合が

図32　マカオ女媧廟

ある。福建《ふっけん》や台湾には神農大帝廟が存在するが、あまり数は多くない。また、農業神としての扱いがめだつ。

同じく三皇に数えられる伏羲《ふっき》や女媧《じょか》にしても、現在、廟で祀られることは少ない。泰山娘娘《たいざんにゃんにゃん》や眼光娘娘《がんこうにゃんにゃん》などの女神を祀る「娘娘殿」に、女媧が「女媧娘娘」として置かれることはよくみられる。ただ、あくまで脇役となる。マカオには、有名な聖パウロ天主堂跡の近くに女媧廟がある。そこそこの規模である。また、台湾にも多くの女媧廟があるが、比較的新しく建てられたものである。伏羲も、いまではそれほどポピュラーな神ではない。甘《かん》粛《しゅく》天水《てんすい》の伏羲廟がよく知られている。

こちらは明《みん》代の建築で、貴重なものである。ただ、全体としてみると、やはり廟の数は少ない。

堯《ぎょう》・舜《しゅん》・禹《う》も、民間の廟では影が薄い。禹王は治水の神とされ、各地に禹王廟が存在するが、あまり強い信仰ではない。また、道教の三官大帝《さんかんたいてい》が堯・舜・禹だとみなされていることから、道観《どうかん》で祀られることのほうが多いかもしれない。禹は、水仙のひとつとして祀られることもある。

これに比べると、東華帝君《とうかていくん》（東王公《とうおうこう》）と西王母《せいおうぼ》は、さきにみたように、『三教捜神大全』にも記載があり、かなり重視されている。また、祀られる廟も多い。とはいえ、これらの古代の神々は、神というより、さきにもみた「上仙」的な扱いであると考えたほうがスムーズに理解できる。実際、東華帝君は男性の仙人の領袖であり、西王母は女性の仙人の元締めである。

民間の廟で、古代の神々の影が薄いのは、ご利益の神と考えるにはやや不適であるという考えがあるのかもしれない。実は、道教の玉皇大帝《ぎょくこうたいてい》もそのような面がある。あまりにも地位が高すぎると、ご利益をお願いするのには遠慮がちになってしまうのであろう。

古くからの仙人

まえに少しふれたように、道教の成立以前に、神仙道は成立していた。そして、仙人になったとされる人物、たとえば赤松子《せきしょうし》・王子喬《おうしきょう》・安《あん》

図33　広東の道観に安期生を祀る

期生《きせい》などの名はよく知られていた。これらの仙人は、道教が成立したあとも、重要な仙人として扱われることとなった。知名度も高く、日本文化にも影響をあたえている。

ただ、唐《とう》と宋《そう》で神々がかなり入れ替わったのと同様に、仙人のほうも有名どころの入れ替わりが行われた。いまでは、のちに信仰が発展した八仙《はっせん》などのほうが、圧倒的な知名度を誇っていたりする。

古くからの仙人については、『列仙《れっせん》伝《でん》』や『神仙伝《しんせんでん》』に記載がある。『列仙伝』は漢《かん》の劉向《りゅうきょう》が編纂したといわれるが、おそらくはもう少し遅い時代の成立と考えられる。古代から漢までの、七〇人の仙人の伝記を採録したものである。

収録されている仙人は次のとおりである。

赤松子・寧封子・馬師皇・赤将子輿
黄帝・偓佺・容成公・方回
老子・関令尹・涓子・呂尚
嘯父・師門・務光・仇生
彭祖・邛疏・介子推・馬丹
平常生・陸通・葛由・江妃二女
范蠡・琴高・寇先・王子喬
幼伯子・安期先生・桂父・瑕丘仲・酒客
任光・簫史・祝鶏翁・朱仲・修羊公
稷丘君・崔文子・赤鬚子・東方朔・鈎翼夫人
犢子・騎龍鳴・主柱・園客
鹿皮公・昌容・谿父・山図
谷春・陰生・毛女・子英
服閭・文賓・商丘子胥・子主
陶安公・赤斧・呼子先・負局先生

朱璜・黄阮丘・女几・陵陽子明
邗子・木羽・玄俗

各仙人の記載は、短いものである。のちに太上老君《たいじょうろうくん》とされる老子《ろうし》の伝も、それほど長くはなく、淡々としたものである。

たとえば、偓佺《あくせん》の伝は次のようなものである。

偓佺は槐山《かいざん》の薬草を採る老人であった。松の実を好んで食し、身体には毛が生えていた。その毛の長さは数寸にもおよび、また両目の瞳は四角であった。飛ぶように走り、馬の速さに匹敵した。松の実を堯に献上したが、堯は服用する時間が取れなかった。ただ、別の人がこれを服《ふく》したところ、寿命が二、三百歳まで延びたという。

六朝《りくちょう》時代になると、今度は『神仙伝』が葛洪《かっこう》によって編纂される。ただこれものちに編集の手が加えられているとされる。現行本に収録されている仙人は、次の通りである。

広成子・若士・沈文泰・彭祖
白石生・黄山君・鳳綱
皇初平・呂恭・沈建・華子期
楽子長・衛叔卿・魏伯陽
沈羲・陳世安・李八百・李阿

王遠・伯山甫・墨子・劉政
孫博・班孟・玉子・天門子
九霊子・北極子・絶洞子
太陽子・太陽女・太陰女・太玄女
南極子・黄盧子・馬鳴生・陰長生
茅君・張道陵・欒巴・淮南王
李少君・王真・陳長・劉綱
樊夫人・東陵聖母・孔元・王烈
渉正・焦先・孫登・東郭延
霊寿光・劉京・厳青・帛和
趙瞿・宮嵩・容成公・董仲君
倩平吉・王仲都・程偉妻・薊子訓
葛玄・左慈・王遙・陳永伯
太山老父・巫炎・河上公・劉根
壺公・尹軌・介象・董奉
李根・李意期・王興・黄敬

魯女生・甘始・封君達各仙人の伝はやや長くなっている。道教の道士がかなり含まれるようになっているのも特色である。

葛洪は、さきにもみたとおり、民間信仰に対して批判的な人物である。『抱朴子《ほうぼくし》』も、『神仙伝』も、道教的というより、かなり読書人の意識のほうが強く感じられる書物になっている。

これらの仙伝にみられる仙人の姿は、「霞を食べて長命」というほどではないものの、ずいぶんと穏やかな印象がある。なかには活発な仙人もいるが、どうも、後世の八仙のような、戦ったり、酒を飲んだりするかなり自由な仙人と比べると、やや静的な印象となってしまうようだ。むろん、「清浄を旨とする」のが仙人の本質であるから、こちらのほうがむしろ正しい姿であろう。

こういった古い仙人たちについては、いまの一般的な廟では、その姿はみることが少ない。広成子《こうせいし》などはたまにみかけるが、これはむしろ『封神演義《ほうしんえんぎ》』に登場しているからである。

六朝時代、元始天尊《げんしてんそん》を頂点とする神仙の一覧が作成されている。当時の「封神榜《ほうしんぼう》」といったほうが、わかりやすいかもしれない。いや含まれる人物の多くは仙人だから、「封仙榜」だろうか。

『真霊位業図』の世界

この書は『真霊位業図《しんれいいぎょうず》』といい、天上の神仙から、冥界の判官に至るまで、数多くの神仙と、実際に存在した道士や歴史上の人物までを載せるものである。著者は有名な陶弘《とうこう》景《けい》であるとされる。もっとも、内容は陶弘景にそぐわないものとして、疑う声も多い。また現行本は、のちの世に手が加えられたものである。しかし、やはり当時の道教の状況が反映されたものと考えられる。

『真霊位業図』では天界や冥界を七つに分類し、そのそれぞれに仙人が役職として存在するものとなっている。興味深いのは、伝統的な仙人以外にも、歴史上実在した人物も、天界に赴任していると考えられていることである。とはいえ、歴史上の人物の多くは、第七の酆都《ほうと》、すなわち冥界に所属することになっている。

七つの主神は、次のようなものである。

第一中位　元始天尊
第二中位　玉晨玄皇大道君
第三中位　金闕帝君

第四中位　太上老君

第五中位　九宮尚書張奉

第六中位　定録真君茅君

第七中位　酆都北陰大帝

最上位の元始天尊の座す宮は、「玉清三元宮《ぎょくせいさんげんきゅう》」という。ここには多くの上位仙である「道君」がおり、また玉皇大帝もいるが、むしろ相対的に下位にある。

第二階の玄皇大道君《げんこうだいどうくん》は、一般には「太上道君《たいじょうどうくん》」として知られる上位仙である。「道」の化身である。この太上道君の第二界には、赤松子・王方平《おうほうへい》・茅盈《ぼうえい》・許穆《きょぼく》などの有名な人物がおり、また西王母・魏華存《ぎかそん》などの女仙もある。

第三階の中心には金闕帝君《きんけつていくん》がある。金闕帝君は道教の源流であった太平道《たいへいどう》の主神である。別に「太平帝君」と称されることもある。太平道は三国時代の幕開けとなった「黄巾《こうきん》の乱」で有名であるが、後漢《ごかん》の張角《ちょうかく》らが唱えたものである。太平道それ自体は、民衆反乱として扱われてしまったむきもあるが、道教の前身であり、その主神である金闕帝君も、このように道教のパンテオンに取りこまれている。

この第三の階位には、尹喜《いんき》・安期生・葛玄《かつげん》・許由《きょゆう》などの仙人が含まれる。しかし、古代の帝王もこちらに属す。すなわち黄帝《こうてい》・顓頊《せんぎょく》・堯・舜・禹、周《しゅう》の穆王《ぼくおう》などの名がみえる。

また、孔子《こうし》と顔回《がんかい》もこの階位にある。

第四の階位は、太上老君、すなわち老子が中心となる。この階位には、初代張天師《ちょうてんし》である張道陵《ちょうどうりょう》・鬼谷子《きこくし》・陰長生《いんちょうせい》・張良《ちょうりょう》・東方朔《とうほうさく》・葛洪・欒巴《らんは》・徐福《じょふく》などの人物が並ぶ。墨子《ぼくし》も仙人とみなされ、この階に属す。この『真霊位業図』にはかなりズサンな部分もあり、一部の人物は名前がダブっていたりする。第四の階位には、まえに出ていた太上道君・赤松子などがまた出ている。もっとも、道君号の仙人は多く、別人物とすべきかもしれない。葛玄も、別の箇所でダブっている。

第五の階位は、九宮尚書《きゅうきゅうしょうしょ》の張奉《ちょうほう》が中心となる。この人物は、なぜ階位の中心にあるのか、不可解な人物である。後漢の人物で、張激子《ちょうげきし》とも称される。第五階は、召公奭《しょうこうせき》などの人物も配されている。ただ設定される人物はやや少なく、あまり特徴がない。

第六の階位は、茅君《ぼうくん》である。茅君は三兄弟であり、三茅真君《さんぼうしんくん》と呼ばれる。すなわち茅盈・茅固《ぼうこ》・茅衷《ぼうちゅう》の兄弟である。このうち茅盈は、第二階にすでに名がみえている。茅固・茅衷のふたりが、この第六の階位の中心となる。この第六の階位には、左慈《さじ》・鮑靚《ほうせい》・許邁《きょまい》・鄭思遠《ていしえん》・務光《むこう》などの人物が配され、また比干《ひかん》など歴史上の人物もある。

第七の階位の中心にあるのは、酆都大帝である。酆都とは地獄・冥界を意味する。すなわち、第七階位は地獄の官吏として扱われる人物が並べられている。この第七階位に並ぶ

図34　広東の道観に葛玄を祀る

人物は、歴史上の人物が多い。周の文《ぶん》王《のう》・武王《ぶおう》、斉《せい》の桓公《かんこう》、晋《しん》の文公《ぶんこう》、秦《しん》の始皇帝《しこうてい》、漢の高祖《こうそ》劉邦《りゅうほう》、後漢の光武《こうぶ》帝《てい》、魏《ぎ》の武帝《ぶてい》曹操《そうそう》、蜀《しょく》の劉備《りゅうび》、呉《ご》の孫堅《そんけん》などがあり、また後漢から六朝時代を中心に歴史上の人物が並ぶ。

『真霊位業図』は、ズサンな編集という面もあるものの、かなり苦心して作成された図表であると推察される。当時の道教は、いくつかのグループ、流派があり、そのなかでどの神を重視するかについては、かなり差があった。のちに、上清派《じょうせいは》・霊宝派《れいほうは》・天師道《てんしどう》などの流派とされるものである。とはいえ、それぞれの流派には重なる部分も多かった。『真霊位業図』では、元始天尊・太上道君・金闕帝君・太上老君をそれぞれ高位の存在とし、それに従う神仙たちを配置して、なんとか、「道教全体としての統一感」をつくりあげている。

仏教でも、釈迦如来《しゃかにょらい》を中心とする寺院があり、阿弥陀仏《あみだぶつ》を奉ずるお寺があり、大日如来《だいにちにょらい》を尊崇するところもありと、いろいろ奉ずる仏が異なっていたりする。同様に道教も、高位神は、時代や教派によってズレがある。また、黄帝や堯・舜、さらに孔子などを「上位神仙よりはやや下」という位置に配している。微妙に、尊重しているようで下げている。この配置は、考えに考えを重ねたものと思われる。

さらに、過去功績のあった人物、近い時代に活躍した人物は、だいたい地獄の官吏として、まとめて第七階にある。つまり「功績があっても、道教の修行をしていないからダメ」という考えが透けてみえる。これも興味深い。総じて、仙人が上位であり、歴史上の人物は、たとえ聖人であっても下位となる。このあたり、道教側の儒教に対する、なんともいえない作為を感じる。

当時は、道教のなかにもさまざまな「教派」があり、それぞれ高位の神仙を祀っていたと考えられる。すなわち元始天尊であったり、金闕帝君であったり、太上老君であったり。のちに、これらの神仙をまとめたパンテオンが構築されていったのであろう。

第七階にある後漢から三国時代の人物をみてみると、これもなかなか変わっている。

地獄の官吏たち

われわれは、『三国志演義《さんごくしえんぎ》』をはじめとする三国物語に引きずられた結果、どうしても、三国物語のフィルターに毒されがちである。すなわち、「関羽《かんう》は神だ」とか、「孔明《こうめい》は最高の軍師」だとか、「呂布《りょふ》が最強だ」などなど。こういった評価は、唐代から明代にかけて、長い時間をかけて形成されたものに、さらに近現代の解釈が入ってしまっている。それはもう、すでに固定観念になっていると考えられる。

しかし、『真霊位業図』が作成されたのは、三国にすぐ続く時期で、ある意味では、三国物語に染まる前の評価がみられるわけである。とはいえ、道教側の評価なので、当時の一般とはまたズレがあると考えられる。

まず、いちばん重要だと思われるのは、図表に関羽の名がないことであろう。劉備はいるのに。いや、劉備とともに、養子の劉封《りゅうほう》の名があるにもかかわらず、である。すなわち、この時代、関羽は神として扱われていないどころか、劉封よりも特徴がない人物とされてしまっているのである。まあ、張飛《ちょうひ》や呂布の名もみえないのであるが。

高く評価されている人物としては、まず孫策《そんさく》と荀彧《じゅんいく》がある。図表でも、かなり上の地位にある。漢の高祖劉邦や、春秋時代の賢人である季札《きさつ》と並んでいるほどである。また孫策の父である孫堅も高評価である。孫堅は後漢の光武帝と並んでいる。続く箇所には、孔《こう》融《ゆう》・虞翻《ぐほん》・張繡《ちょうしゅう》・杜預《どよ》が並んでいる。この人選は少し理解に苦しむが、孔融と杜預は、やはり当時はかなり評価されていたとは思われる。

さらに続いて、徐庶《じょしょ》・龐徳《ほうとく》・何晏《かあん》とあり、また次に劉備・韓遂《かんすい》・公孫度《こうそんたく》・郭嘉《かくか》・劉封とくると、もうどういう基準で選んでいるのか、わからなくなってくる。地方で旗あげした人物と、その子弟を歓迎しているようにも思える。そういえば、肝心の孔明もいない。さらに図表はもっと続いて、下のほうに曹洪《そうこう》・曹仁《そうじん》がある。馬融《ばゆう》や、なぜか厳白虎《げんはくこ》の名もみえる。

総じて、三国の魏や蜀よりも、呉の人物を高く買っているようにも思える。六朝期は、王朝が南方にあるためであろうか。

ただ、帝王と覇者は除いて、そのほかの人物には、共通点もあるように思える。たとえば孔融であるが、曹操から嫌疑をかけられ殺されている。劉封も、やはり孔明らに疑われて、害されている。荀彧の死についてはいろいろ説があるが、曹操と仲違《なかたが》いの末に亡くなっている。孫策も、志半ばで若くして死亡している。何晏も、司馬懿《しばい》らのクーデターのあと、処刑されている。意図しているかどうかは不明であるが、どうも「才能がありながら、不慮の死を迎えている」人物を、ことさらにセレクトしているようにも思える。地獄の冥官としては、そういう人物のほうがふさわしいと考えたのであろうか。

もっとも、「恨みをもって亡くなった人物を神とする」というのは、日本でもたびたびみられる現象である。菅原道真《すがわらのみちざね》が天神《てんじん》となった経緯などは、まさに同じである。実は道教においては、同じようなパターンは繰り返されていく。関羽も、この時点ではセレクトされていないが、宋代になると怨霊《おんりょう》としての力が期待されて、地獄の官吏となっていく。そもそも、元帥神というのは、この手の怨霊出身が多い。『封神演義』においても、実は同じような思想がみられる。殷《いん》と周との戦いで陣没した者たちが、のちに神として封じられるという形になっている。これも、実際には怨霊たちを鎮めるような意義があろう。

道教伝授の系譜

『雲笈七籤』に説く道流

宋代に編纂された重要な経典のひとつに『雲笈七籤《うんきゅうしちせん》』がある。いわゆる「類書《るいしょ》」と呼ばれるもので、さまざまな経典からの引用によって成りたっている。六朝から唐代までの道教を知るためには、不可欠な経典である。この『雲笈七籤』巻三の「道教本始部」をみると、道教の始まりについて、おおよそ次のように述べられている。

道教は三皇五帝の時代から始まった。無上虚皇《むじょうきょこう》が師となり、元始天尊がこれを伝授した。天界には三清《さんせい》が定まり、仙人の階位が定められた。人間界では、伏羲が図を受け、黄帝が符を受けて世を治めた。太上老君は殷の時代に人間界に降った。老君はのちに『道徳経《どうとくきょう》』を著した。

もっとも、流派によって異説はたくさんある。『雲笈七籤』では、異なる流派の経典を引用するため、齟齬するところも多い。

まえにも少しみたように、道教では三清を重んじている。三清とは玉清《ぎょくせい》・上清《じょうせい》・太清《たいせい》の三種類の天のことである。玉清には元始天尊があり、上清には霊宝天尊《れいほうてんそん》、すなわち太上道君がおり、太清には太上老君がある。この上位神仙も、また三清と呼ばれる。

巻四の「道教相承次第録《どうきょうそうしょうしだいろく》」では、第一代の太上老君から第四一代に続く道教の法術伝授の系譜が書かれている。

第一代は太上老君で、王方平・尹喜・徐甲《じょこう》などに伝授

第二代は王方平で、茅蒙《ぼうもう》・孫盈《そんえい》・章震《しょうしん》などに伝授

第三代は章震で、若士《じゃくし》・李夫人《りふじん》などに伝授

第四代は若士で、李元君《りげんくん》・白石先生《はくせきせんせい》・李常存《りじょうそん》などに伝授

第五代李元君で、王子喬・許述成《きょじゅつせい》などに伝授

第六代は、諸派が分かれたため、太上老君がふたたび降って張陵《ちょうりょう》に法術を授けたという。張陵は天師となり、張申《ちょうしん》・王昇《おうしょう》・李忠《りちゅう》などに伝授

第七代は張申で、李仲春《りちゅうしゅん》・李意期《りいき》・李玄《りげん》などに伝授

第八代は李仲春で、李少君《りしょうくん》・魏伯陽《ぎはくよう》などに伝授

第九代は李少君で、欒巴などに伝授
第一〇代は欒巴で、陰長生《いんちょうせい》・李宙先《りちゅうせん》などに伝授
第一一代は陰長生で、張景霄《ちょうけいしょう》・王万縉《おうばんしん》などに伝授
第一二代は張景霄で、劉馮《りゅうひょう》に伝授
第一三代は劉馮で、劉政《りゅうせい》などに伝授
第一四代は劉政で、孫博《そんはく》・厳光《げんこう》などに伝授
第一五代孫博は三人の弟子があったが、法術を伝授されたものはなかった。いったん、法術の伝授は途絶えた。そのため、太上老君は李仲甫《りちゅうほ》に命じて、江南の左慈を第十六代とすることとした。
第一六代の左慈は、介象《かいしょう》・厳光の娘・李佗《りた》などに伝授した
第一七代の介象は、李延《りえん》・張授《ちょうじゅ》・万葛卿《ばんかつけい》・阮玉《げんぎょく》・李用《りよう》などに伝授した
第一八代の李延は、劉景《りゅうけい》に伝授した
第一九代の劉景は、東海郭延《とうかいかくえん》に伝授した
第二〇代の東海郭延は、霊寿光《れいじゅこう》に伝授した
第二一代の霊寿光は、外国の人である。何述《かじゅつ》に伝授した
第二二代の何述は、羅先期《らせんき》に伝授した

第二三代の羅先期は、甘季仁《かんきじん》・甘孝先《かんこうせん》などに伝授した
第二四代の甘孝先は、石帆公《せきはんこう》に伝授した
第二五代石帆公は、宮戸《きゆうこ》に伝授した
第二六代宮戸は、弟子の数は多かったが法術を伝授するものはなく、南岳《なんがく》と天台山《てんだいさん》に入ったが、八五年を経て法術が途絶えた。太上老君はふたたび盧山《ろざん》に降り、左慈に命じて法術を行わせ、施存《しそん》と葛玄《かつげん》に伝えることとした
第二七代の施存は弟子が多かったが、結局、同門の葛玄が次を継いだ
第二八代の葛玄は、張秦《ちようしん》・仇真《きゆうしん》・李用《りよう》などに伝授した

あとは略したが、これから四一代までの記載がある。

伝が途切れると、太上老君が降ってきて法術を伝える。これは、系統が連続していないことを、暗に認めたものではないかと思われる。まず法術を伝えるのは、元始天尊や太上老君などの上位神仙である。そして、王子喬や陰長生などの古来の仙人がこれを受け継ぐ。そして張陵や葛玄などの、実在したと思われる道士もまたこの系譜に入る。実に、虚実とりまぜた、かなり苦心して作為したものとなっている。

『雲笈七籤』の巻五には、有名な李渤《りぼつ》の「真系《しんけい》」も収録されている。すなわち、上清派とされる流派の伝授の系統が記される。上清派は、茅山派《ぼうざんは》とも呼ばれる。

それによれば、晋の時代、楊羲《ようぎ》のもとに、多くの神仙が降ってきて、経典を伝授したという。降ってきた仙人は、西城王君《せいじょうおうくん》・茅君・南岳魏夫人《なんがくぎふじん》などであった。西城王君は王褒《おうほう》であるとするが、王方平であるとする説もある。さきにみた「道教相承次第録」では、王方平は第二代となって伝授にたずさわっている。茅君はここでは、茅固・茅衷のふたりを指す。南岳魏夫人は、有名な女性の仙人である魏華存を指す。

この女仙は実在の人物で、晋の時代に道教の修行を行った。官僚の妻となり、子も生まれたが、子どもが育つと修行にのめりこんだ。仙人をしばしば降ろし、亡くなったあと、南岳魏夫人という仙人となった。いわゆる上清派というと、実はこの魏夫人が第一代となる。いまでも道観において祭祀されている重要人物である。

「真系」によれば、上清派の経典は、楊羲から許翽《きょかい》、許翽から子の許黄民《きょこうみん》、そして馬朗《ばろう》に伝えられたとする。そしてさらに、殳季真《しゅきしん》を経て、陸修静《りくしゅうせい》に伝授されたという。陸修静は、先にも名前が出てきているが、当時の道教の教団を整えた人物である。上清派の経典は、陸修静のあとは孫遊嶽《そんゆうがく》、そして有名な陶弘景に伝わったとされる。陶弘景からは、王遠知《おうえんち》、さらに潘師正《はんしせい》、司馬承禎《しばしょうてい》、李含光《りがんこう》と伝授される。

いろいろ指摘されているように、この伝授の系譜は、かなり作為的なものである。魏華存・楊羲・陸修静・孫遊嶽・陶弘景など、すべて実在の人物で、そのときどきの道教の中心人物である。ただ、魏華存や楊羲の時代は、まだ小さな道教カルト集団のひとつというだけであって、ほかにも多くの道教カルトが存在したと思われる。ただ陸修静や陶弘景の時期には、道教はもう王朝がテコ入れするくらいの、大きな教団になっている。そして、もっとのちの時代になると、道教の本流としての上清派という流派が、作為されたものであろう。しかし、六朝時代から唐代までの道教の位置づけとしては、いわゆる上清派の流れが本流であると認めて構わないと思う。

どうしてこのような作為がなされたかというと、それは仏教の「達磨大師《だるまだいし》から続く法系」を意識したのではないかと考えられる。特に禅宗では、この「代々続く」ことを重視する。道教も、ある意味で対抗意識によって「代々続く」ことを作為したのであろう。ただ、『雲笈七籤』のなかでは、いくつもの法術の系統が並存している。

のちに、道教はまた別の伝授の系統を模索していく。それが「代々伝わる道教教主の張天師」という系譜である。

張天師の系譜

中国では、漢王朝は劉氏、唐王朝は李氏、宋王朝は趙氏《ちょうし》といったぐあいに、王朝の血筋は何百年かで入れ替わる。しかし、長期にわたって代々相続されているふたつの家系が存在し、それは王朝の歴史よりも長い。ひとつは孔子の子孫、孔家《こうけ》であり、もうひとつは張天師である。

図35　山東孔林の孔子の墓

孔子の子孫は、子の孔鯉《こうり》、孫の孔伋《こうきゅう》（子思《しし》）から、第四代、第五代と延々と伝わってきたとされる。漢代の孔安国《くあんこく》は、孔子一〇世の孫とされる。日本の皇室の伝統が長いとされるが、孔子の家系も勝るとも劣らぬ長さだと思われる。

代々の孔子の子孫の墓は、孔子の墓を中心にして円心上にめぐらされ、広大な敷地を有している。これが山東《さんとう》曲阜《きょくふ》の「孔林《こうりん》」である。世界最大の一族の墓として、ギネスブックにも載っている。筆者も訪れたことがあるが、歩いて回るだけで数時間かかった。この孔林と孔子廟、かつての孔家の住居である孔府《こうふ》は、世界遺産にも認定されている。

歴代の王朝は孔子の子孫を「衍聖公《えんせいこう》」として封じ、手厚くもてなしてきた。のちに、孔家はかなり貴族化していったようである。清《しん》の時代の劇作家として有名な孔尚任《こうしょうじん》は、孔子六四代の子孫であるとされる。実に教養のある人物であるが、衍聖公は別に存在した。衍聖公は歴代長男が継ぐことになっているので、教養がなくても別に構わなかった。康熙《こうき》帝《てい》が孔子廟を訪れた時、認められたのはむしろ孔尚任の才能であった。第七七代の孔徳成《こうとくせい》は、台湾大学の教授となった人物であり、優れた教養の持ち主であった。むしろ孔子の子孫としては例外かもしれない。筆者は台湾にいた時、何回か、学会などでお会いしたことがある。孔徳成が亡くなってからは、その孫の孔垂長《こうすいちょう》が七九代目の跡を継いだ。孔垂長はビジネスマンだったので、またちょっと毛色の異なる人物となる。

現在、道教の流派は、大まかに「北の全真教《ぜんしんきょう》、南の正一教《しょういつきょう》」にわかれる。この南方の正一教の教主を代々つとめるのが、後漢の張陵、すなわち初代張天師の子孫である。全真教の道士は結婚できないが、正一教の道士は可能なので、子孫が存在するわけである。日本でいえば、親鸞《しんらん》の子孫を重んずる浄土真宗《じょうどしんしゅう》に近いかもしれない。

張陵の子は張衡《ちょうこう》、孫は張魯《ちょうろ》である。張魯が第三代張天師にあたる。『三国志演義』にも登場する張魯であるが、曹操に降伏したあとは赦《ゆる》されて、貴族になったとされる。その

図36　儀礼に使う張天師の画像

子が張盛《ちょうせい》で第四代天師、それからずっと歴代張天師が続き、江西《こうせい》の龍虎山《りゅうこざん》を本山として、教主として教団を率いたという。

『水滸伝《すいこでん》』をみると、冒頭の部分で宋の仁《じん》宗《そう》皇帝が疫病の蔓延を防ぐため、龍虎山に使者を派遣する有名な話がある。これが、梁《りょう》山泊《ざんぱく》の豪傑となる一〇八の魔星《ませい》が世に出る発端となっている。この時、疫病平癒の術を行う役割で登場するのが、第三〇代の張天師、張虚靖《ちょうきょせい》（張継先《ちょうけいせん》）である。張天師といえば、そのような道士の領袖、マジシャン的なイメージで知られている。ただ、やはり世襲となると、かなり貴族化している部分もある。

もっとも、第三六代天師の張宗演《ちょうそうえん》は、フビライ・ハーンに会い、南方道教の支配権を手に入れているし、第四二代の張正常《ちょうせいじょう》は、明の太祖《たいそ》朱元璋《しゆげんしよう》に会っている。総じて、張天師の子孫は、そこそこ政治的に有能な者が多かったようである。

二一世紀になったいまも、孔子の子孫、張天師の子孫ともに健在である。ただ、張天師の第六四代とされる張源先《ちようげんせん》が台湾で逝去してより、張天師は中国大陸・台湾ともに多くの後継者が現れて、跡目を争う状況になっている。かつてであれば、皇帝の指名で決定することもあっただろうが、現状では、王朝自体がなくなっており、これも難しい。

しかし、孔子の子孫も、張天師も、「代々引き継いできた」ことについては、少し疑問も感ずる。むろん、血筋自体はつながっているのかもしれない。それにしても、記録上、疑うべきところも多いのである。張天師がずっと道教の教主であったならば、当然、多くの資料にその名が出現するはずである。しかし、それこそ『雲笈七籤』の系譜をみても、それらしき記録がない。さきにみた「道教相承次第録」にも、張陵の名は出てくる。しかし、子に継がせたという話はみえない。『太平広記《たいへいこうき》』などを参照しても、それらしき話はない。

もし天師が教主として存在していたのであれば、ほかの道士が天師と自称するのは難しいのではないか。しかし、北魏《ほくぎ》の時代、寇謙之《こうけんし》は「天師」と称して、大々的に活動を行った。「三武一宗《さんぶいつそう》の法難《ほうなん》」の、いちばんはじめの仏教弾圧が行われるのは、寇謙之にたぶらかされた北魏の太武帝《たいぶてい》によるものである。陸修静も「陸天師」と称されるし、ほかにも天師と称する道士はたくさんいる。張天師が、道教の教主を代々続けてきたという話は、実はあまり根拠がないのである。

むろん、宋代以降は、ちゃんと記録に出てくる。おそらく第三〇代天師の張虚靖あたりからの活動は、信じていいと思われる。また張虚靖あたりから、「代々親子が継ぐ」という単純な系譜ではなくなり、信憑性が持てるようになる。おそらく、五代十国《ごだいじっこく》の時期に、初代張天師の子孫と称する者たちが、活動をはじめたのではないだろうか。三国時代から唐代あたりまでの系譜は、あとから作為されたものであろう。

それにしても、なぜ張天師の子孫ばかりを持ちあげ、ほかの神の子孫を教主として採用しないのかは、やや気になる。もともと唐王朝は老子の子孫を称していたこともあり、「太上老君の子孫」というのは、真偽はともかく、ある程度は存在していたはずである。もちろん、仙人も道士も通常は結婚しないので、子孫がある場合が少ない。張天師は、婚姻が可能であったために、利用しやすかったのかもしれない。

変容する仙人

のちに、仙人たちの伝記はさらに増加していく。

ふたつの『通鑑』

まぎらわしいのであるが、『神仙通鑑《しんせんつがん》』という略称であらわされる重要な書物がふたつ存在する。ひとつは、元《げん》の時代に、趙道一《ちょうどういつ》によって編纂された『歴世《れきせい》真仙体道通鑑《しんせんたいどうつがん》』である。もうひとつは、明の時代に徐道《じょどう》によって編纂された『歴代神仙通《れきだいしんせんつ》鑑《がん》』である。似たような名前で、混同しやすい。むろん、タイトルは司馬光《しばこう》の『資治通《しじつ》鑑《がん》』からの影響によるものである。

ただ、このふたつの『通鑑』の性格はだいぶ異なる。『歴世真仙体道通鑑』（まぎらわしいので『体道通鑑』と略称する）のほうは、さきにみた『神仙伝』の系列に属し、仙人や道士の伝記という面の強いものである。『神仙通鑑』のほうは、これは『三国志演義』や

『封神演義』と同じく、通俗小説に分類されるべきものである。つまり『体道通鑑』は伝記に近く、『神仙通鑑』は歴史小説、そう区分して問題ないと思われる。むろん、神仙の伝記は、多かれ少なかれ、フィクションを含むものである。また『体道通鑑』のほうのタイトルは、「神仙」ではなく「真仙」なのであるが、あまり意識されていない。

『体道通鑑』は、本編のほか、続編・後集と三つの部から構成されている。本編には、巻一に黄帝が収録され、巻二からは玄中大法師《げんちゆうだいほうし》・盤古《ばんこ》・広成子・赤精子《せきせいし》・務成子《むせいし》などの伝が収録されている。巻三には赤松子・馬師皇《ばしこう》・握佺《あくせん》・方回《ほうかい》・務光《むこう》・呂尚《りよしよう》・范蠡《はんれい》・介子《かいし》推《すい》など、巻四には文子《ぶんし》・浮丘伯《ふきゆうはく》・若士など、巻五には皇初平《こうしよへい》・王遠《おうえん》・劉安《りゆうあん》など、巻六には列子《れつし》・荘子《そうし》・鬼谷子・李少君など、巻七には董仲君《とうちゆうくん》・匡俗《きようぞく》など、巻八には尹喜など、巻十には李八百《りはつぴやく》など、安期生・陰長生などは巻十三に収録されている。

張陵は巻十八にまるまる一巻を費やして載せられ、巻十九が張天師の弟子である王《おう》長《ちよう》・趙昇《ちようしよう》と、それから張陵の子孫である歴代張天師が並ぶ。どうも、『体道通鑑』が書かれた元の時代になると、ほぼ張天師の権威が確立されていたようである。

于吉《うきつ》や華陀は巻二十に、葛玄は巻二十三に、楊羲・陸修静・孫遊嶽・陶弘景は巻二十四に、王遠知・潘師正・司馬承禎・李含光は続けて巻二十五に収録されている。そしてのちにさらに有名になる八仙のうち、鍾離権《しようりけん》・呂洞賓《りよどうひん》・張果老《ちようかろう》・藍采和《らんさいか》などの伝もみえている。

『体道通鑑』の続編は、巻一が王重陽《おうちょうよう》・馬丹陽《ばたんよう》、巻二が劉処玄《りゅうしょげん》・丘処機《きゅうしょき》、巻三が王処一《おうしょいつ》・郝大通《かくだいつう》などの伝がある。すなわち、全真教系の道士の伝が収録されている。『体道通鑑』の後集は、女仙の記録である。巻一には西王母など、巻二には九天玄女《きゅうてんげんにょ》や嫦娥《じょうが》などの伝が収録されている。南岳魏夫人は、巻三に記録がある。のちに八仙に加わる何仙姑《かせんこ》は、巻五に伝がある。

このように、元の時代までの神仙や道士の伝記の集大成となっているのが、『体道通鑑』の特色である。道士の伝については、歴史資料としての意義もある。

これに比べると、ほぼすべて、フィクションで構成されていると考えられるのが、『神仙通鑑』である。こちらは、『三国志演義』のような、一種の通俗小説という形である。『神仙通鑑』は、別名『三教同源録《さんきょうどうげんろく》』という。さきにみた、「三教合一」の風潮のもとに書かれたものである。そのため、道教の神仙のほか、仏教の仏菩薩や儒教の聖人についても配慮した記載となっている。

天地のはじまりから、三皇五帝、夏《か》・殷・周の三代、春秋戦国・秦・漢・六朝時代・唐・宋・元・明までを描く、スケールの大きい小説である。登場する神仙や仏菩薩の数も多い。古代において中心になるのは、黄老君《こうろうくん》と赤精子である。

そして、小説の中盤において、天界や地上の神々は、三神山《さんしんざん》や十大洞天《じゅうだいどうてん》、さらに三十六洞天、七十二福地《ふくち》に配されることになる。中央の須弥山《しゅみせん》には黄帝を中心に仙人たちが住す。広野山《こうやさん》には孔子や、弟子の顔回《がんかい》たちや孟子《もうし》などが神となっている。崑崙山《こんろんさん》には西王母と女性の仙人がある。三十六洞天と七十二福地には、主となる仙人と、その眷属《けんぞく》が住む。たとえば、盧山《ろざん》には匡俗とその一族が、大囲山《だいいさん》には馬鳴生《ばめいせい》と陰長生などが、鬼谷山《きこくさん》には鬼谷子と孫臏《そんぴん》・龐涓《ほうけん》などが、青田山《せいでんさん》には務光などが、金華山《きんかざん》には赤松子などが、そのほかの仙人たちを率いて治めている。この天地の一覧は、仙人たちの関係をひとつにまとめたものので、かなりの力作となっている。『封神演義』の「封神榜」よりも優れた表だと思われるが、残念ながらこちらが一般化することはなかった。

『神仙通鑑』には、ひじょうに興味深い記載もある。それはイエス・キリストに関連するものである。記載によれば、漢の元始元年、処女瑪利亜《マリア》は天神の導きにより懐胎し、耶蘇《イエス》（イエス・キリスト）が生まれた。長じて教えを説き、奇跡を顕したが、それを憎む者があり、弟子の茹答斯《ユダ》（イスカリオテのユダ）を利用して罪に陥れた。耶蘇は十字架にかけられたが、死後三日にして復活した。

『神仙通鑑』が書かれたのは明の時代なので、マテオ・リッチなどのイエズス会の宣教師は、すでに中国で布教していた。そのため、キリスト教の事情も伝わったのであろう。

むろん『神仙通鑑』では耶蘇を西方の仙人のひとりとして扱っているわけである。ただ、意外に正確な記載なので驚く。

『神仙通鑑』は、謨罕驀徳（マホメット＝ムハンマド）に関する記載もある。こちらの記載は、耶蘇にくらべると、やや不正確である。しかし、三教のみならず、キリスト教やイスラム教までも取りこもうとする『神仙通鑑』の姿勢は、当時にあっては画期的であったと思われる。

知名度の高い八仙

いま、中華圏に行って「代表的な仙人は?」と尋ねても、王子喬や安期生などの伝統的な仙人の名前が出てくることは、まずないと考えられる。多くの人が、呂洞賓と、これに関連する八仙の名をあげるであろう。それほどの知名度で、以前の仙人の存在を失わせるほどに、大きく塗りかえてしまったのが八仙である。中華圏の廟・道観、どこに行っても、八仙の像をみることができる。また春節《しゅんせつ》(旧正月)や結婚式などのめでたい場面では、よく八仙の絵が掲げられる。そのあり方は、日本の七福神に似ているかもしれない。

いまの八仙とは、まえにもふれたが、すなわち李鉄拐《りてつかい》・鍾離権・呂洞賓・韓湘子《かんしょうし》・藍采和・張果老・何仙姑・曹国舅《そうこくきゅう》の八名である。八仙は、若者・中年・老人・女性と、構成がバラエティに富んでいる。また李鉄拐が、いかにも貧しい姿をしているのに対し、曹

図37　八仙の鍾離権・呂洞賓・張果老・藍采和

国舅は豪華な衣装である。呂洞賓は瀟洒《しょうしゃ》な道士という形で、張果老はむしろ伝統的な仙人に近い形をとる。いかにも才子な韓湘子、でっぷり太った貫禄のある鍾離権、美麗な貴婦人である何仙姑、男女が定かでなく芸人のような藍采和と、個性がみごとにバラバラで、それがまた不思議な一体感を感じさせる。また、そのアクティブに活動する様子は、これまでの仙人とは明らかに異なっている。

鍾離権と呂洞賓の師弟のケンカは、遼《りょう》の国と宋の国との戦争にまで発展する。それぞれが軍師となって、盤上のコマを動かして勝負するように、遼と宋の軍隊を動かして、争うのである。有名な『楊家将《ようかしょう》』の故事としても知られている。

しかし、八仙のメンバーをみてみると、元

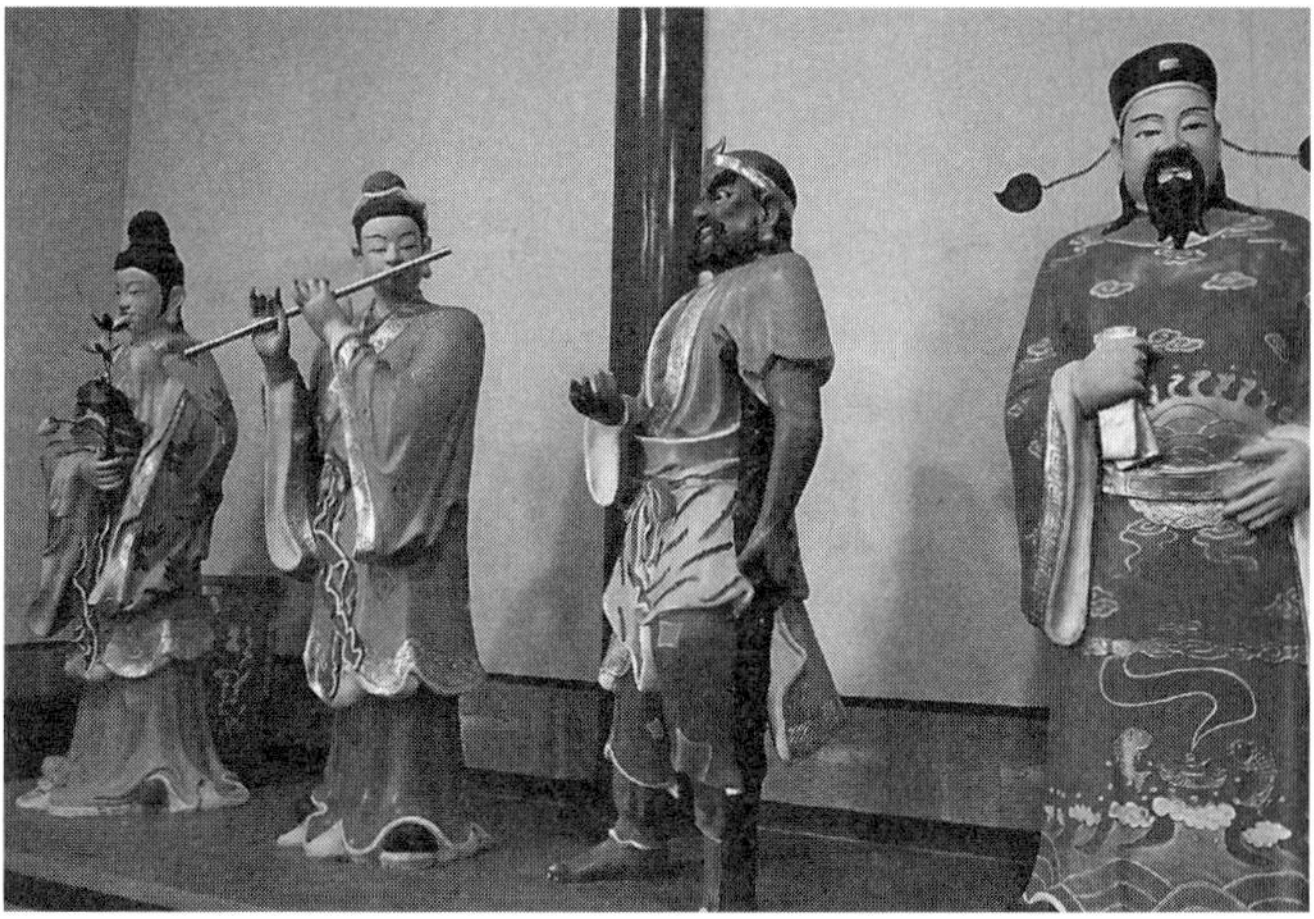

図38　八仙の何仙姑・韓湘子・李鉄拐・曹国舅

の時代には、いま知られているものとかなり異なる人員であることがわかる。それどころか、いまのメンバーと合致する記録はむしろ少ない。おそらく、いまのメンバーになるのは、明の末になってからである。どうも、八仙という名称があるだけで、誰が入るかは、かなりアバウトだったようである。ある時は、何仙姑が入っておらず、かわりに張四郎《ちようしろう》という仙人が入っている。もうひとつ別の資料では、何仙姑のかわりに入っているのは徐神翁《じよしんおう》である。ある資料では、張果老と何仙姑がおらず、風僧寿《ふうそうじゆ》と玄虚子《げんきよし》が入っている。劉海蟾《りゆうかいせん》が入ることもある。

京都のいくつかの禅宗寺院で、屏風やフスマに八人の仙人が描かれているのをみたことがある。しかし全員男性であった。おそらく、張四郎か徐神翁が加わっているほうの八仙なのであろうが、誰が誰かは特定できなかった。日本のお寺には、たまに古い形の八仙の絵が残っていたりする。気の毒なのが、徐神翁や張四郎といった、かつて有名だった仙人で、彼らはメンバーから漏れてしまったために、いまでは、ほとんど知られない仙人となってしまった。

李鉄拐・鍾離権・呂洞賓・張果老

八仙は、それぞれ出自も時代もバラバラである。

まず李鉄拐である。また鉄拐李《てつかいり》と称されることもある。片足が不自由で、鉄の拐、すなわち杖を抱えている。そのため、「鉄の杖の李」というアダ名で呼ばれるとされる。本名がなんというかは不明で、李岳《りがく》であるとか、李玄《りげん》であるとか、諸説ある。ボロを着て、薄汚れた姿をしている。どうしてこのような姿をしているかについても、いろいろ説がわかれている。

よく知られているのは、「もともと瀟洒な姿であったのが、魂だけ抜けだして太上老君に従って修行していたところ、誤って身体が焼かれてしまい、餓死者の死体を借りてよみがえったので、その姿になってしまった」という話である。

もともと、貧しい姿をした仙人の話は、いくらでも類似のものがある。一般の人は、姿だけで判断してしまって、その仙人の偉大さがわからない。仙人は、そこをみぬいて、本質がわかった者だけに福をもたらすというものである。李鉄拐の話も、そのよくある仙人の話を踏襲したものであり、みかけだけで判断すると、とんでもないことになるわけである。これは、実は済公《さいこう》とも共通する点である。済公をたんなる飲んだくれ坊主と思っていると、だいたい失敗する。

鍾離権は、また漢鍾離《かんしようり》とも称される。雲房《うんぼう》先生とも呼ばれる。でっぷりと太った中年の男性で、しかし髪の毛を子どもがやるような、あげまきに結っている。だいたい芭蕉《ばしよう》扇《せん》という、大きなうちわを持っている。姓は鍾離、名は権で、もともとは漢王朝に仕えた将軍であったという。それで漢鍾離と呼ばれることもある。しかし、あるとき率いた軍隊が敗戦したあと、仙人に会って修行の道をすすめられたという。のちに鍾離権は仙人となった。

漢の時代に鍾離権という将軍がいたという記録はない。鍾離権は、実在したかどうかは議論がわかれる人物であるが、実在した場合でも、おそらくは唐末五代あたりの人のようである。実はこの場合の「漢」というのは、「好漢」のように「男性」をあらわす意味だったのが、王朝名の漢と誤解されて、漢代の人物となってしまったようである。

鍾離権の弟子が呂洞賓である。呂洞賓の姓は呂、名は嵒《がん》、洞賓は字《あざな》である。唐代の人物とされるが、実際には鍾離権と同じく、実在の人物かどうかはあやしい。実在した場合は、たぶん鍾離権と同時期と思われる。山西《さんせい》の出身である。

「邯鄲《かんたん》の夢」という話がある。邯鄲は河北にあり、戦国時代は趙《ちよう》の国の都であった。古都といったおもむきがある。旅をしていたある若者が、邯鄲の街を通りかかった。ある店で不思議な道士と会う。若者が道士に対して世の不遇を述べると、道士は枕を貸してくれる。その枕を使ってみると、夢のなかで立身出世する。幸運もあり、不運もあり、人生を過ごして亡くなったと思ったら、目が覚めた。なんと、長い人生だと思ったものが、店ではまだ粟《あわ》の粥《かゆ》ができていないほどの時間しか経っていなかった。若者は、人生のはかなさを悟る。

枕がからむので「邯鄲の枕」、また粟を黄粱《こうりよう》とも呼ぶことから「黄粱の夢」とも称されるこの話は、もともと八仙とは何の関係もない話であった。若者は盧生《ろせい》、道士は呂翁《りよおう》という人物である。ところが、道士が呂《りよ》姓だったことから、のちに、この話の道士は呂洞賓に置きかわってしまう。さらに、そのあと改変があり、不思議な道士は鍾離権であり、若者は科挙《かきよ》の受験を志していた呂洞賓ということで、鍾離権が呂洞賓に出家をすすめる話に再編されてしまう。いまでは、多くの人が鍾離権と呂洞賓の故事だと考えている。

呂洞賓という仙人は、これはもう、中華圏では大人気であり、その知名度は関帝や済公に匹敵するといえるであろう。仙人としては破天荒なところがあり、これは済公にちょっと似ている。だいたいは青年、あるいは中年の道士のいでたちで、背中に剣を負っている。

純陽真人《じゅんようしんじん》とも呼ばれる。鍾離権と呂洞賓は、全真教では「祖師」として扱われており、その発展と信仰は無関係ではない。

張果老は、姓は張、名は果である。老人の姿で、敬意をこめて、張果「老」という呼称となっている。張果老は実在の人物である可能性が高い。唐の玄宗《げんそう》のころに朝廷に招かれたという話がある。ただ、その時すでに数百歳だという話は、むろんフィクションであろう。実際に玄宗にお目通りした時に、白髪の老人の姿で現れたのが、すぐに若々しい姿に変化したとか、いろいろな逸話がある。

いまではロバに乗る姿が有名であるが、なぜかうしろむきに乗る。しかし古い絵では普通に乗っている。このロバも不思議なロバで、乗らない時は紙のようになっており、折りたたんでいる。乗る時は水を吹きかけると、もとのロバの姿になる。

玄宗の朝廷には、もうひとり葉法善《しょうほうぜん》という不思議な道士がいた。この葉法善に玄宗が張果老のほんとうの姿について尋ねたところ、答えたら天の秘密を漏らしたということで死んでしまった。玄宗が張果老に謝罪して、なんとか生き返らせてもらったという話も伝わっている。

韓湘子・何仙姑・藍采和・曹国舅

韓湘子は、姓は韓、名は湘である。「子」がつくのは、やはり一種の尊称であろう。八仙がすべて三文字で呼称されるのは、かなり意図的ではあると思われる。韓湘子は、有名な韓愈《かんゆ》の甥であるとも、韓愈の兄の孫ともいわれる。笛を吹く貴公子というイメージが強い。

韓愈は儒学の勉強をするように韓湘子に説くが、本人は道術に興味を持ち、うるさい叔父のいうことを聞かなかった。やがて韓湘子は修行に出て、鍾離権と呂洞賓に会って、仙道の道に進み、のちに仙人となる。韓愈は、憲宗《けんそう》が仏舎利《ぶつしゃり》を宮中に迎えることに反対して左遷される。その道中において韓湘子が現れて、韓愈を諭したという伝説がある。むろん、こういった話は全部フィクションで、韓湘という人物は全然仙人と関係ない人であったようだ。韓愈の甥に不思議な人物がいたという伝承と結びついて作為されたと思われる。

何仙姑は、広東《カントン》の何家の娘であったとされる。仙姑とは尊称である。本名についてはいろんな説がある。女性の道士を「道姑《どうこ》」というが、何仙姑はよくその姿で現れる。手に蓮の花を持っていることが多い。

親が結婚をすすめても、頑として聞かず、仙道の修行を行い、仙人になったとされる。ただ、その経緯については諸説あってよくわからない。とある仙人から、「雲母《うんも》を食するといい」といわれ、そうしたところ身が軽くなったとか、あるいは、豆腐屋の娘であったのが、仙人からもらったナツメを食べたら、飢えを感じなくなったとか、いろいろである。

藍采和はさらにナゾの多い人物で、藍采和というのも単なる通称であって、本名ではない。本名についても、いろいろ説があり、一定しない。ある説によると、許堅《きょけん》という名であるという。だいたい、男性なのか女性なのかもよくわからない。そのためか、現在の映画やテレビドラマでは、藍采和については女優が演じる場合も多い。

ボロボロの衣服を着て、片足が裸足、片足だけ靴を履くという異様な姿である。手には拍子木《ひょうしぎ》を持ち、それを叩いて歌う。歌の内容はだいたい予言になっているのだが、内容が抽象的すぎて、すぐには理解できない。藍采和も李鉄拐と同じく、貧しいみかけだけで判断してはいけない例となる。

逆に、やたらとゴージャスな格好をしているのが曹国舅である。これはこれで、また仙人らしくない。国舅とは、皇帝の外戚にあたる人物を指す。宋の仁宗皇帝の皇后である曹皇后の弟であるという。すなわち、宋の国の大貴族である。そのため、衣装も豪華となる。名は曹景休《そうけいきゅう》であるとされるが、これも諸説ある。歴史書に記載のある曹佾《そういつ》だという説もあるが、この人は仙人にはならず貴族として一生を終えている。これもあまり気にせず、韓湘子と同じで、ほぼフィクションであると考えてよいだろう。

仙人になったという経緯も、諸説ある。曹国舅の下にさらに弟がいて、権力をカサにきて横暴の限りをつくし、その弟を見限って仙道をめざしたのだとか、もともと本人が金に汚い人物であったのが、ある時に栄華のむなしさを知ったのだとか、さまざまである。

八仙の師弟関係も、実はよくわからない。

鍾離権と呂洞賓が師弟関係にあるのは、ほぼ共通している。韓湘子の師は、漢鍾離と呂洞賓だとか藍采和だとかいわれている。何仙姑の師については、呂洞賓だといわれる。ただ、何仙姑にしても、韓湘子にしても、別の仙人からの伝授であるという話もある。

曹国舅は宋代の人物なので、こちらは誰から伝授されても問題ない。いちおう、呂洞賓は唐のはじめのころ、何仙姑は武則天《ぶそくてん》のころ、張果老は玄宗のころ活躍、韓湘子は韓愈と同時代なので憲宗《けんそう》皇帝のころと考えられるので、伝えられている伝授関係は、ときどき矛盾することになる。もっとも張果老は、玄宗皇帝のもとに現れた時は、もう数百歳だったといわれている。

「八仙過海《はっせんかかい》」という話がある。『八仙東遊記《はっせんとうゆうき》』という小説にもなっている。八仙が揃ったところで、かれらは東海《とうかい》に遊ぶ。そこで東海龍王の子どもらが八仙の持つ宝器に目をつけて奪おうとしたところから、争いになる。東海龍王側には龍王の眷属と、天界から派遣された元帥たちがあり、八仙は神通力《じんずうりき》を顕して、これと対抗する。しまいには、泰山《たいざん》を東海に落とすという力業を行う。関元帥《かんげんすい》である関羽と、趙公明も、ここでは敵方として登場する。ほんらいは敵対することなどないが、これもまたそういうフィクションである。そこで強力な助っ人が登場する。斉天大聖《せいてんたいせい》こと孫悟空《そんごくう》である。当然ながら八仙の味方である。斉天大聖が出るとなると、馬元帥《ばげんすい》も趙元帥も大聖の如意棒《にょいぼう》で吹っ飛ばされてしまう。最終的に観音菩薩《かんのんぼさつ》が出てきて、龍王と八仙のあいだを調停する。泰山も、もとの位置に戻され、これでまた平和になった。

この話をみてもわかるように、泰山を東海に落としたり、龍王の軍勢をぶっ飛ばしたりするような行動は、これまでの古い仙人にはみられなかったものである。逆にこの破天荒さが、八仙の人気ともなっている。そして、この八仙の「戦う神仙」という思想は、あとから『封神演義』などにおいても踏襲されるようになる。そして、いまのメンバーに固定されたのは、『八仙東遊記』で知られるようになったからで、どうも、ここに登場しなかった神仙が八仙のメンバーからハズレてしまったようである。

劉海蟾・張四郎・徐神翁

惜しくも、いまの八仙のなかから漏れてしまった劉海蟾などの仙人たちも、かつてはよく知られた仙人であった。

もっとも、劉海蟾については、現在でもそこそこ知名度は高い。ヒキガエルに乗っている姿が知られている。服はボロボロ、髪もボサボサで、済公に雰囲気が近い。その奇矯な行いも、済公に似ている。李鉄拐とともに絵の題材として描かれることも多い。蝦蟇《がま》仙人とも呼ばれる。姓は劉、名は操《そう》であるとされる。唐末五代の人物で、鍾離権と呂洞賓から教えを受けたという。カエル以外に、金銭を持っていることもある。こちらの姿はよく財神《ざいしん》扱いとなる。

張四郎についてだが、その事績はよくわからない。ただ、現在、絵によく描かれる張《ちょう》仙《せん》が、張四郎であるとされている。張仙は四川《しせん》と縁の深い神仙で、姓は張、名は遠宵《えんしょう》であるといわれる。弓を持っている姿がよく描かれる。ただ、矢をつがえるのではなく、弾丸を射るのだという。天のイヌのほうの「天狗《てんこう》」を射ると伝えられる。日本では、これは「テング」と読んで、鼻の高い妖怪を意味するが、中華圏では、「テンコウ」であり、これは空を飛ぶイヌのことである。流れ星のことだともされている。張仙はまた、子どもの守護者としても知られている。

徐神翁は、宋代の人物で、姓を徐、名を守信《しゅしん》という。神翁というのは、これも一種の尊称である。この人物は道士で、天台山付近の道観にいたとされる。道士の姿で、背中に大きなひょうたんを負っている。廟でも、ときどきひょうたんを背にする徐神翁をみかけることがある。日本のお寺でも、徐神翁の入った八仙を描いた絵をみることもある。

通俗文芸と中華の神々

『西遊記』と『封神演義』

中国の宗教文化に巨大な影響をあたえたのが、『西遊記《さいゆうき》』と『封神演《ほうしんえん》義《ぎ》』である。このふたつの小説は、だいたい明《みん》の後期にまとめられ、出版されることになった。のちに、演劇や語り物の材料にもなって、民間に浸透していく。やっかいなのは、このころの小説というのは、近現代の小説と違っていて、個人の著作ではない、ということである。

『西遊記』と信仰

『三国志演義《さんごくしえんぎ》』からして、そもそも、そういう経緯でつくられた小説である。唐《とう》の時代からだんだん、三国の語り物が流行した。宋《そう》の時代には、もう劉備《りゅうび》の陣営が主役で、曹《そう》操《そう》が悪役となる物語ができていたようである。

元《げん》の時代には、三国を題材とした多くの演劇がつくられ、各地で上演された。語り物を記録したとされる『三国志平話《さんごくしへいわ》』には、当時のストーリーが記されている。『三国志平話』を読むと、もう関帝《かんてい》はすっかり神さま扱いである。しかし、脇にはまだ周倉《しゅうそう》がいなかったりする。演劇も、語り物も、人気が出ればそのストーリーが流行するし、人気がなければ廃れてしまう。観客と語り手が相互にやりとりすることで、物語は発展していった。当時の一般の民衆は文字を読めないので、相互のコミュニケーションが続いたあと、どこかで文字として定着する。『三国志平話』は、そういう物語が発展するなかでの記録である。

明の時代になると、印刷関連の需要も伸び、長大な小説が出版されるようになる。そして『三国志演義』が出版される。ただ、それまでの長い時間をかけて、数百におよぶほどの人々がつくりあげてきた物語のうえに、『三国志演義』がある。羅貫中《らかんちゅう》が作者だとされるが、羅貫中は、その長い歴史のなかでの、編纂者のひとりというくらいである。この時期の小説は、多かれ少なかれ、集団創作と考えたほうがいい。

『西遊記』も似たような経緯で、いまみられるような明の小説に発展した。作者は呉承恩《ごしょうおん》だというが、これはほとんど根拠のない説である。また、集団創作であるため、作者をひとりと考えるのは意味がない。

もともとのストーリーは、玄奘三蔵《げんじょうさんぞう》のインド行きを語るものであったろう。それが、

図39　ハウパーヴィラの『西遊記』パノラマ

宋《そう》代になると『大唐三蔵取経《だいとうさんぞうしゅきょう》詩話《しわ》』としてまとめられた。この物語には、すでに三蔵法師にしたがう猴行者《こうぎょうじゃ》、すなわちサルの従者が登場している。もちろん、のちの孫悟空《そんごくう》の前身となる人物である。もっとも、この猴行者、あまり強くない。そこそこ妖怪退治はするが、危機に陥ると助けてくれるのは、毘沙門天《びしゃもんてん》である。すなわち、このころ強い武神と考えられていたのは毘沙門天であるわけだ。このように、『西遊記』の物語が発展するなかで、その時代時代の信仰が残されているのを、資料から読みとることが可能なわけである。

元と明の時代には、多くの『西遊

記』関連の雑劇がつくられた。明のはじめのころ、楊景賢《ようけいけん》という人物が、それまでのストーリーのいくつかにもとづいて『西遊記雑劇《さいゆうきざつげき》』を書いた。そこに当時の『西遊記』の物語の様子がみられる。そもそも孫悟空自体、「石から生まれたサル」ではなかった。だから、元から明あたりの物語をみていると、ちゃんと孫悟空には兄弟姉妹がいたりする。『西遊記雑劇』では、次のように述べる。

わが兄弟姉妹は五人である。姉は驪山老母《りざんろうぼ》で、妹は巫枝祇聖母《ふしきせいぼ》である。兄は斉天大聖《せいてんたいせい》で、わしは通天大聖《つうてんたいせい》、弟は、耍耍三郎《ささ さぶろう》という。

ここでは孫悟空は、そもそも斉天大聖ではなく、通天大聖だと自称する。斉天大聖はその兄である。巫枝祇とは、無支祁《むしき》とも書かれ、有名なサルの姿をした妖怪である。

また明の雑劇『二郎神鎖斉天大聖《じろうしんさせいてんたいせい》』では、次のように述べている。

兄は通天大聖で、わしは斉天大聖、姉は亀山水母《きざんすいぼ》で、妹は鉄色獼猴《てつしょくびこう》、弟は耍耍三郎という。

八仙《はっせん》のメンバーが劇ごとにバラバラであったのが、あとで統一されたように、孫悟空の兄弟も、劇のひとつひとつでみごとに違っている。そもそも、孫悟空が斉天大聖なのか、通天大聖なのかも定まっていない。

明の小説『西遊記』になると、石から生まれたサルにしてしまったために、兄弟がいなくなってしまった。かわりに、義兄弟を設置して、牛魔王《ぎゅうまおう》を平天大聖《へいてんたいせい》などにしたてている。これは、明の小説『西遊記』の作者の、まずい改作のひとつだと考える。また、逆に牛魔王のほうに家族をつくってしまったのも、あまりいい改作とは思えない。

また楊景賢の『西遊記雑劇』のほかの箇所では、観音菩薩《かんのんぼさつ》が登場して次のように述べる。

第一の保官《ほうかん》はわたくし観音がつとめましょう。第二の保官は李天王《りてんのう》、第三の保官は那《な》吒三太子《たさんたいし》、第四の保官は灌口二郎《かんこうじろう》、第五の保官は九曜星辰《きゅうようせいしん》、第六の保官は華光天王《かこうてんのう》、第七の保官は木叉行者《もくしゃぎょうじゃ》、第八の保官は韋駄天尊《いだてんそん》、第九の保官は火龍太子《かりゅうたいし》、第十の保官は廻来大権修利《かいらいだいけんしゅり》にお願いいたします。

これは玄奘三蔵を保護するために、神を「保官」に任ずるところである。李天王や哪吒太子、それに二郎神など、のちの小説『西遊記』に登場するメンバーの名がみえている。しかし、明の小説『西遊記』ではあまり活躍しない、華光大帝・韋駄天・大権修利などの名もみえる。

華光大帝は、さきにみたとおり、明末から信仰が衰えてしまったため、小説『西遊記』にはあまり出てこない。大権修利は、日本の曹洞宗《そうとうしゅう》のお寺にはまだ祀られているが、これも信仰が衰えたために、中華圏では知られない神となってしまった。このように、『西遊記』は、その時代ごとの信仰を知るための、貴重な資料ともなっている。

妖怪の側も、かなり入れかわりがある。『西遊記雑劇』には、牛魔王や金角銀角《きんかくぎんかく》は出てこない。銀額将軍《ぎんがくしょうぐん》というのがいるので、これが変化して金角銀角になったと思われる。猪八戒《ちょはっかい》も、『西遊記雑劇』では天蓬元帥《てんぽうげんすい》ではなく、摩利支天《まりしてん》配下の御車将軍《ぎょしゃしょうぐん》がその前身となっている。摩利支天はイノシシに乗るので、実はこちらのほうが、イノシシになった八戒の素性からすると正しい。孫悟空も、おそらくはインドの『ラーマーヤナ』に登場するハヌマーンの影響があると考えられるが、小説の『西遊記』よりも、雑劇のほうが、むしろその性格がよく出ているかもしれない。

そして明の小説『西遊記』は、今度は信仰を産みだす母体ともなっていく。中華圏の南のほう、またはシンガポールやマレーシアに行くと、たくさんの「斉天大聖廟《びょう》」をみかける。いうまでもなく、孫悟空を神として祀った廟である。小説『西遊記』は、今度は語り物や演劇の材料となり、清《しん》朝以後の中華圏に浸透していった。そして、斉天大聖廟もどんどん増えていった。小説『西遊記』は、信仰を増幅させる源流となっていったのである。

『封神演義』も、『西遊記』や『三国志演義』などと同じく、長い歴史をかけ、多くの編者の手によって形成されたものである。

『封神演義』の影響

中華圏での知名度からいえば、『封神演義』は『西遊記』と同じくらいなのに、なぜか日本ではあまり知られていなかった。中国文学の翻訳においても、ほとんど取りあげられ

図40　ハウパーヴィラの『封神演義』パノラマ

なかった。そこそこ名が知られるようになったのは、マンガやゲームで題材として使われるようになってからだと考える。

周《しゅう》の武王《ぶおう》が、無道な殷《いん》の紂王《ちゅうおう》を討つという、殷周交代については、太公望呂《たいこうぼうりょ》尚《しょう》を主人公とする物語が伝えられてきた。太公望は、中国では姜子牙《きょうしが》と呼ばれるのが一般的である。

元の時代に、『武王伐紂平話《ぶおうばつちゅうへいわ》』という物語がつくられた。姜子牙を主体にして、殷と周の抗争を描く。そして、天界から降ってきた神々が、この戦に参加することになる。この話をさらに発展させ、太《たい》上老君《じょうろうくん》や元始天尊《げんしてんそん》などの上位神仙の合意により、新たに神々の世界を構築することとし、殷と周の争いのなかで陣没した人物などを、「神《かみ》として封《ほう》ずる」ことにしたのが、『封神演義』である。『封神演義』は、『西遊記』をふまえていると思われ、影響を受けてはいる。ただ、『封神演義』の作者グループはそれほど教養のある人々ではなかったようで、ストーリーはあちこちで破綻しているし、史書と照らしあわせると間違いも多い。許仲琳《きょちゅうりん》が作者とされているが、むろん、これもたくさんいる編纂者のひとりと考えたほうがいい。

『封神演義』は、小説自体はそう読まれていなかったと考えられる。ただし、演劇や語り物のネタとしては絶好のもので、物語そのものは大流行した。登場人物が、宝器や不思議な法術を駆使して戦うことや、生みだす陣などの異空間、さまざまな騎獣など、構成する要素はじゅうぶんにめだつものであった。そして、大流行したために、困った現象が起こった。それは、『封神演義』のほうが、むしろ宗教文化の「標準」になるという現象である。

たとえば哪吒太子である。いまの姿は、風火輪《ふうかりん》に乗り、火尖槍《かせんそう》という武器を持ち、混天綾《こんてんりょう》・乾坤圏《けんこんけん》という宝器を身につけているのが一般的である。中華圏の廟では、たいていこの姿をみる。しかし、元の雑劇に登場する姿、また明の小説『西遊記』にみられる姿はだいぶ違っている。そもそも風火輪に乗っていない。いま廟でみる哪吒の姿は、要するに『封神演義』に登場するものである。あまりにも『封神演義』が有名になってしまったために、ほんらいの伝統が失われてしまって、『封神演義』での姿が標準となってしまったのである。

二郎神もそうで、いま中華圏では二郎神の名は楊戩《ようせん》とされている。しかし、まえにもみたとおり、二郎神は趙昱《ちょういく》という名であったはずである。『西遊記』をみると、姓は楊であるが、名は記されていない。しかし、『封神演義』で楊戩と呼ぶようになると、これも標準化してしまった。あちこちの廟で、「二郎神楊戩」をみかける。

そして、道教の道観《どうかん》や仏教の寺院ですら、影響を受けて変容してしまった部分がある。『封神演義』がわからないと宗教文化が理解できないこともあり、恐るべき影響力である。

雑劇にみえる信仰

度脱劇と駆邪劇

『封神演義』と『西遊記』によって変容してしまった民間信仰の、それ以前の姿を知るためには元と明の雑劇作品に頼るしかないこともある。まえにもみたとおり、読書人は熱心に民間信仰について記録に残したりしない。清朝になると、趙翼《ちょうよく》のような文人が、『陔余叢考《がいよそうこう》』で考証していたりするが、それはもう『封神演義』以降のことだったりする。

元の時代、科挙《かきょ》の試験を止めてしまったことなどがあり、読書人が官僚になれずに、ほかの職業に就いていた時期がある。演劇の作家になる人物も多かったようである。元の時代は演劇が大流行し、雑劇と呼ばれた。短編の劇が多い。雑劇作品は、だいたい歌とセリフの組みあわせからできている。

度脱劇《どだつげき》と呼ばれる一連の演劇がある。仙人の資質を持つ者に対して、神仙が現れて彼らを仙人の道へと導く経緯が描かれる。仙人の道へと、世俗から「度脱」させるのが目的となる。

元の馬致遠《ばちえん》の作である「黄粱夢《こうりようむ》」は、まえにもみた「邯鄲の夢《かんたん》」のストーリーを演劇化したものである。すなわち、八仙のひとりである鍾離権《しようりけん》が、呂洞賓《りよどうひん》を仙人の道に誘うために、道士に扮して現れ、邯鄲の店で夢をみさせて、出世する人生のむなしさを悟らせるというものである。「鉄拐李《てつかいり》」という雑劇があるが、こちらでは、呂洞賓が李鉄拐《りてつかい》を度脱させる劇となっている。ここでは李鉄拐は呂洞賓よりのちの時代の人物となる。ただ、この劇のとおりとなると、李鉄拐は李岳《りがく》という名になっている。「藍采和《らんさいか》」という雑劇だと、藍采和を度脱するのは鍾離権である。ちょっと変わったところでは、呂洞賓が黄龍《おうりゆう》禅師《ぜんじ》という僧侶を度脱させるという「度黄龍《どおうりゆう》」という雑劇もある。八仙のかかわるもの以外では、「荘周夢《そうしゆうむ》」という雑劇があり、荘子《そうし》が太白金星《たいはくきんせい》によって度脱されるという内容になっている。

度脱劇には八仙や全真教《ぜんしんきよう》関連の祖師がよく登場するのに比べて、駆邪劇《くじやげき》には正一教《しよういつきよう》系の道士が登場することが多い。駆邪劇とは、妖怪などが暴れて害をなすところ、神仙や道士が現れて、これを退治するというものである。

「張天師《ちょうてんし》」という雑劇では、第三七代張天師である張道玄《ちょうどうげん》が、花月《かげつ》の妖怪を退治するために登場する。ただ、これもどうも、名前も時代もあまり一致しない。雑劇のフィクションなのであるか、張天師の系譜のほうに問題があるのか、なんともいえない。「碧桃《へきとう》花《か》」雑劇では、薩真人《さつしんじん》という称号で知られる薩守堅《さつしゅけん》が、温元帥《おんげんすい》・関元帥・馬元帥・趙元帥を呼びだして駆使し、妖怪を退治する。似たような内容の劇は、ほかにもたくさんある。

慶　賀　劇

また慶賀劇《けいがげき》とでも呼ぶべき、一連の雑劇がある。度脱劇や駆邪劇に比べると、内容に乏しい。ストーリーがあるわけでもなく、とにかく、次から次へと神仙が登場して、お祝いを述べて去っていく。どうも、実際にお祝いの席などで上演されたのではないかと思われる。ただ、当時どんな神仙が信仰されていたのかを探るには、いい資料である。

慶賀劇によく登場するのは、西王母《せいおうぼ》と八仙である。「献蟠桃《けんばんとう》」という雑劇などは典型的で、西王母のお祝いのために仙桃《せんとう》である蟠桃が献上されるのに伴い、さまざまな神仙が現れるものである。この劇には、西王母と八仙のほか、太上老君・李少君《りしょうくん》・東方朔《とうほうさく》などが登場する。「慶長生《けいちょうせい》」や「慶千秋《けいせんじゅう》」雑劇も、似たような内容である。元宵節《げんしょうせつ》を祝う「賀《が》元宵《げんしょう》」は、玄天上帝《げんてんじょうてい》・文昌帝君《ぶんしょうていくん》・三官大帝《さんかんたいてい》などが登場する。慶賀劇であるが、ちょっと内容が異なっている。「群仙朝聖《ぐんせんちょうせい》」雑劇は、長生大帝《ちょうせいたいてい》が主となり、また広成子《こうせいし》・赤松《せきしょう》子《し》・王重陽《おうちようよう》・白玉蟾《はくぎよくせん》などが登場する。全真教の影響が強く感じられるものである。こちらは長寿を祝うためのものであろう。

こういった雑劇に、広成子・太乙真人《たいいつしんじん》などの仙人がよく登場している。『封神演義』の作者は、雑劇に出てくる神仙たちを、時には名前を変えて、時にはその設定のまま、物語のなかに取りこんでいるようである。

道士と軍師

通俗文芸の世界をみていると、奇妙な現象がある。それは、軍師《ぐんし》が出てくると、それが必ずといってよいほど、道士であることだ。

『三国志演義』の諸葛亮《しよかつりよう》も、だいたいは道士の姿で現れる。これは、それまでの三国の演劇から導入されたものだと思われる。正確には、三国時代は、まだ道教は原始的な状態で、道士の職も道服も整備されていない。そのため、諸葛亮が道士の服装を着ていることは、当時の常識からすると、まったくもってありえない。

同じことは『封神演義』の姜子牙にもいえる。殷周の時代に道教があるわけはないので、道士の修行をしていたという話もフィクションである。まあ、『封神演義』の場合は、道士が次々に出てくるので、もういまさらという感がある。

演劇や通俗小説の世界では、もう「軍師は道士」という観念が染みついてしまっているので、もうこれは「そういうものだ」と諦めてもらうしかない。漢《かん》のはじめが舞台の雑劇に張良《ちょうりょう》が出てくれば、もう絶対にこれは道衣を着けている。隋唐《ずいとう》の物語では、軍師の徐《じょ》茂公《もこう》がだいたい道士の姿で出てくる。

明の物語であれば、劉伯温《りゅうはくおん》がそうであり、いまの映画やドラマでも、絶対に道士の姿で出てくる。ただ、劉伯温はほんらい、儒者であり、当然儒服を着ていたはずであるが、もう道士のイメージのほうが強すぎて、かえって儒服の劉伯温のほうがニセモノに思えてくる。

『水滸伝《すいこでん》』でも、軍師は呉用《ごよう》と公孫勝《こうそんしょう》で、ふたりとも道士の服装で登場する。『楊家《ようか》将《しょう》』の物語では、八仙の呂洞賓と鍾離権がそれぞれ遼《りょう》と宋の軍師になるが、やはり道士の服装となっている。

この観念があまりに強すぎて、現在つくられる映画やドラマにおいても、出てくる軍師はみな道士となっているが、歴史的に考えると、ちょっとおかしい。

地域で異なる神々の世界

地域と信仰

まえにもみたとおり、中国大陸は広い、そして地域ごとの文化はバラバラである。

教派宗教の発展

ただ、ヨーロッパ大陸でキリスト教が共通しているように、儒教・道教・仏教については、基本的に中国大陸、いや中華圏で共通するところがある。東北地方に行っても、四川《しせん》地方に行っても、お寺があり、僧侶は存在している。同じように、どこでも道観《どうかん》はあり、道士も必ずいる。シンガポールに行っても、お寺も道観も存在している。もっとも、細かくみると大陸中国では、北方ではチベット仏教系の寺院が多く、南方ではチベット系は少ないという相違点もある。また、道教については、まえにもみたように、北方は全真教《ぜんしんきょう》、南方は正一教《しょういつきょう》という違いがある。

実は、いままで詳しく述べなかったが、民間信仰以外にも民間宗教というものも存在している。名称がまぎらわしいので、「民衆宗教」や「教派宗教」などと呼ぶべきだという説もある。筆者はこれまで、おもに民間宗教と呼んできたが、統一して教派宗教と称するべきかもしれない。いっそのこと、「カルト系」と称する手もある。実際に、カルト系宗教の多くがここに入る。

とはいえ、教派宗教と民間信仰の違いを、きちんとみきわめることは、なかなか難しい。さきにも少しみたとおり、ある関帝《かんてい》廟《びょう》があった場合、それが教派宗教系なのか、民間信仰系なのか、すぐには判明しないからである。

ただ、教派宗教は、民間信仰とはやはり異なった面が多い。教派宗教は、一定の教団と信者層を有し、多くは全国とまではいかないものの、ある程度の地域に広まっている場合が多い。

図41　遼寧のチベット系寺院の仏塔

王朝や官僚側からは、「白蓮教《びゃくれんきょう》」と呼称されていた宗派も、ここに含まれる。実際には、白蓮教とあまり関係ないところも、かなり混じっている。王朝が認定していない宗教は、そのように、ひとまとめに語られてしまうようだ。

歴代政府からは「邪教《じゃきょう》」として敵視される宗派も多い。実際に、王朝と対立することも多かった。そして、王朝を倒す力を持ったところもある。元《げん》の末の紅巾《こうきん》の乱がよく知られている。清《しん》朝では、嘉慶《かけい》白蓮教の乱が起こった。また太平天国《たいへいてんごく》の乱も、キリスト教系という特殊なものであるが、実際には教派宗教系の性格が強い。清末に活躍した義和団《ぎわだん》も、同様にそういった性格を持っている。とはいえ、教団の大部分は普通に宗教活動を行っているもので、いつも反政府というわけでもない。

官僚は、これらの教団については迷信をふりまく邪教と考え、弾圧する側にまわっていた。そして、『破邪詳弁《はじゃしょうべん》』のような、猛烈に教派宗教を非難する書もつくられた。

よく批判されているのが羅教《らきょう》である。羅教は、また無為教《むいきょう》とも呼ばれる。羅教は明《みん》代に起こった、当時の新興宗教、カルト宗教とみなせるもので、羅祖《らそ》、すなわち羅清《らせい》がはじめたものである。羅祖は僧侶である。有名な宝巻《ほうかん》である『五部六冊《ごぶろくさつ》』を執筆し、教えを説いた。教派宗教の教団で、経典にあたるものを宝巻という。宝巻は、語り物のように物語が語られたりもする。民衆は文字の読めない者も多いので、宝巻の内容を説いて聞かせる必要がある。羅教は職業ギルドとも密接な関係を持っており、社会の下層に広く浸透していった。戦前に上海を実質的に支配していた青幇《せいほう》（チンパン）は、羅教の流れをくむ集団である。裏の社会を牛耳る存在としての教派宗教も、かつての中国では広い範囲で影響があった。

このほか、黄天道《こうてんどう》・八卦教《はっけきょう》・弘陽教《こうようきょう》・天理教《てんりきょう》・大乗教《だいじょうきょう》など、さまざまな教派がある。天理教は、むろん日本の天理教とは異なった宗派である。

これらの教派宗教では、信仰する神の体系がかなり異質なものとなっている。太上老《たいじょうろう》君《くん》や阿弥陀仏《あみだぶつ》などの道教、仏教の神仏を尊重するのであるが、その上に、さらに別の神を据える。それが、教派宗教の代表的な神である「無生老母《むしょうろうぼ》」である。

道教の三清《さんせい》も、仏教の諸仏も、すべてこの無生老母の下にあるという考え方が、多くの教派宗教で行われている。創造主であり、救済の女神でもある。ある意味、教派宗教にふさわしい神である。無生老母を中心とする特殊な世界観を持つ教派宗教は、かなり民間信仰とは性格を異にするものである。

廟建築と地域差

さきにもみたとおり、民間信仰については、地域ごとの差が大きい。

もちろん、日本においても、地域ごとの信仰の差はあるが、中国の場合、広いうえに言語が異なるため、より大きな差異となる。

図42　台湾の屋根が湾曲した廟

図43　広東の屋根が平らな廟

図44　切りたった壁を持つ福建北部の廟

廟の建築をみても、その違いは歴然としている。台湾の廟建築が、よく日本では紹介されて、それが中華系の全体の廟の特色だと思っている人が多いが、それは違う。台湾の廟は福建《ふっけん》の南である閩南《びんなん》地区に特有のもので、それが台湾でも一般的になっているだけで、ほかの地域とはまったく異なっている。その閩南の廟は、湾曲した屋根を持ち、装飾をたくさん飾り、丸い柱である彩りのある建物となっている。福建の泉《せん》州《しゅう》や漳州《しょうしゅう》などの地域、あとは台湾の多くの廟が、この形式の建築である。

しかし、広東《カントン》に行くと、廟の形はだいぶ違っている。広東の廟は、屋根はむしろ平らである。そのうえに、いろ

図45　北方山西の関帝廟

いろ装飾が乗っていることが多い。柱は四角で、あまり装飾されない。

そして、福建であっても、福州《ふくしゅう》から北東、閩東《びんとう》の地域に出ると、今度は屋根は緩《ゆる》く湾曲し、両側の壁が切りたった建築が、お寺や廟に使われるようになる。広東でも、潮州《ちょうしゅう》のあたりはまた湾曲した屋根の廟となり、やや閩南に近いかもしれない。

北方は北方で、廟の形はまた異なっている。屋根の装飾は少なく、質素な印象がある。日本の寺院の建物に似ているかもしれない。

廟に比べて、お寺の建築は、むしろ共通点が多い。

だいたい、中華圏では、どこのお寺

図46　揚州の寺院の持国天と増長天

に行っても、入ると山門《さんもん》があり、天王《てんのう》殿《でん》がある。天王殿には、中心に弥勒菩《みろくぼ》薩《さつ》と韋駄天《いだてん》、脇に四天王《してんのう》が祀られている。この弥勒菩薩は、日本のような痩せた姿ではなく、でっぷりと太った布《ほ》袋《てい》和《お》尚《しょう》の姿をしている。中国では、布袋が弥勒の化身と考えられたため、弥勒イコール布袋となっている。そして、四天王は日本のものと違い、琵琶・傘・蛇・剣を持つ姿をしている。これはチベットも同じなので、むしろチベットの四天王が影響したものであるようだ。唐《とう》代以前の中国の四天王は、日本と同じ姿である。

そして、本殿は大雄宝殿《だいゆうほうでん》と呼ばれる。釈迦牟尼仏《しゃかむにぶつ》が中心になり、阿難《あなん》と迦《か》

図47　揚州の寺院の多聞天と広目天

葉《しょう》が脇にある。規模の大きな寺院だと、これに加えて伽藍殿《がらんでん》と祖師殿《そしでん》などがある。伽藍殿は、関帝を祀るのが一般的である。後部は法堂《はっとう》と方丈《ほうじょう》などがある。大雄宝殿を中心に据える形式は、日本では黄檗《おうばく》宗《しゅう》の寺院でみることができる。黄檗宗は明《みん》の時代に伝来したので、つまりその時点では、大雄宝殿を中心とする構造になっていたわけである。このほか、観音菩薩を祀る円通殿《えんつうでん》などを付設する場合も多い。

お寺も、地域によって異なる建築のことがあるが、廟ほどの違いはない。道観については、地域差はもちろんある。また、正一教と全真教でも、かなり違っている面がある。

全真教系の道観では、お寺の天王殿のかわりに、霊官殿《れいかんでん》がある。この霊官殿には、鞭を持った王霊官《おうれいかん》が配されていることが多い。霊官殿がなくても、門のところに王霊官が鎮座していることもある。この王霊官の有無が、ある意味で全真教系か、そうでないかの区分ともなる。

中心に来る本殿は、だいたい玉皇大帝《ぎょくこうたいてい》を祀る玉皇殿《ぎょくこうでん》である場合が多い。とはいえ、これも道観によって異なる。後部には三清殿《さんせいでん》がある。道観にはやはり三清を祀るところは必須であると考える。

お寺も道観も、当然現地の習俗に引きずられるわけで、たとえば閩東のお寺は、やはり両側の切りたった壁の建物となる。ちょっとみただけでは、お寺か廟かの判断に迷うこともある。

シャーマン文化の存在

僧侶や道士は中国大陸・中華圏全体に存在する。そして、同時に「巫《ふ》」と呼ばれるシャーマンも、各地に存在している。ただ、各地域でシャーマンの種類はバラバラである。

その歴史は長い。道教が起こるまえにも、仏教が伝来するまえにも、古くからシャーマン文化はあった。ただし、まえにもみたとおり、儒教も仏教も道教も、民間信仰、あるいはシャーマン文化とは対立する場面が多かった。

後漢《ごかん》の光武帝《こうぶてい》に滅ぼされた赤眉《せきび》の乱であるが、これはもう完全にシャーマンをよりどころとしていた。城陽景王《じょうようけいおう》のお告げを巫女に降ろして、そのお告げに従って行動した。儒教を奉ずる正統な読書人からすると、なかなかこういう文化は受け入れがたい。もっとも、前漢《ぜんかん》末から後漢にかけての時期は、儒教もだいぶオカルト化している部分があり、これは緯書《いしょ》などにも反映されている。

道教については複雑な面もある。たとえば南岳魏夫人《なんがくぎふじん》の行為などは、どうみてもシャーマンっぽいのだが、その点はあまり問題にされないようである。道教の場合は、ときどきシャーマン文化が混じることがある。とはいえ、道教の本流は、シャーマンについては否定することが多い。

いまの中華圏で有名なのは、身体に傷をつけてトランス状態に入っていくタンキー（童乩）であろう。彼らは血を流しながら神降ろしを行い、その神になりきって行動する。もっとも、済公《さいこう》のタンキーは、酒をどんどん飲んでトランス状態になっていく。これは福建、特に閩南地方に特有のシャーマンである。閩南の文化は台湾に伝わったため、タンキーの活動はむしろ台湾でさかんである。そして、同じく閩南の文化が伝わったシンガポールやマレーシアなど、東南アジアにもたくさんのタンキーがいる。

とはいえ、このタンキーは、中国大陸のほかの地方に行くと全然みなくなる。ほかの地方では、それぞれまた別のシャーマンがいるのである。たとえば、遼寧《りようねい》や吉林《きつりん》、すなわち東北と呼ばれる地区に行くと、「五大仙《ごだいせん》」を奉ずるシャーマンがいて、これはタンキーとは全然違う。さらに、扶乩《ふけい》（フーチー）を行うところも多い。フーチーとは、砂や紙のうえに道具を置いて、トランス状態になった人が、そこに神のお告げを書いていくものである。これも一種の神降ろしである。各地域で、道教・仏教とは別にさまざまな宗教職能者がいる。また新興宗教のような教派も存在している。そのような複雑な形が、広い中華圏の実状といってよい。

中国大陸では、宗教文化は文化大革命によって被害を受けた。特に教派宗教は、ほとんど活動が不可能になった。道士や僧侶も還俗《げんぞく》させられたり、また農作業に従事させられたりした。いま中国大陸に行くと、道士の年齢がおそろしくアンバランスなのは、このときの影響であったりする。しかしそれでも、各地に行くと道教も、仏教も、民間信仰も、しぶとく生き残っているのである。シャーマン文化も、打撃を受けながらも、それなりに続いている。

女性神の比率

三教と民間信仰・教派宗教を比べてみると、明らかに女性神の比率が異なっている。

まず儒教であるが、儒教の聖人は堯《ぎよう》・舜《しゆん》から、孔子《こうし》・孟子《もうし》など、ほぼ男性によって占められている。偉大な女性もいるが、だいたい母親として登場するのみである。

仏教も、仏と菩薩はだいたい男性である。観音菩薩《かんのんぼさつ》は女性になっているが、これはある意味、民間信仰における特殊な現象であり、仏教それ自体では男性のままである。弁財天《べんざいてん》・吉祥天《きちじょうてん》などの女性神もあるが、これらはだいたいヒンドゥー教からきたものである。

道教は、やはり男性の仙人が中心であるが、西王母《せいおうぼ》・九天玄女《きゅうてんげんにょ》・南岳魏夫人など高位の女性の神仙も多い。八仙《はっせん》に何仙姑《かせんこ》が入っているのも、男性ばかりだとバランスが悪いからであろう。

民間信仰になると、さらに女性神の比率は高まり、かつ地位も上である。北方の代表といえば、泰山娘娘《たいざんにゃんにゃん》であり、正直、その信仰は父の東岳大帝《とうがくたいてい》をも圧倒するものである。南では、媽祖《まそ》の信仰が強い。「天后《てんこう》」とされるほど高位である。しかも媽祖は福建だけではなく、浙江《せっこう》・広東と多くの地域に広まっている。

教派宗教に至っては、無生老母が最高の神であり、それは多くの如来《にょらい》や天尊《てんそん》を上まわるものである。

儒教がいちばん、民間から距離のあるものであり、そして民間に近づくほど、女性神の重要度が増してくるのかもしれない。

南方の習俗

中華圏の宗教について述べる場合、福建と広東の廟や祭神がよく紹介される。

福建と台湾

たとえば媽祖・王爺《おうや》といった神々である。媽祖は山東《さんとう》などの海沿いで祀られる場合があるが、もともとは福建の神である。いまは、広東・台湾でも祀られている。また王爺については、福建と台湾のみの祭祀となる。ただ、いずれにせよ、全国で祀られる神ではない。媽祖や王爺は、もともと閩南地域に特有の神である。王爺は台湾や東南アジアに広がり、媽祖は広東や浙江など海沿いに広がっていった。媽祖については、アジア全体、日本にまで影響をあたえている。

媽祖は有名な海神《かいじん》である。その本山とされるのが、湄洲島《びしゅうとう》の媽祖廟である。福建の莆《ほ》

図48　台南の池王爺廟

田《でん》にある。詳しくは、『三教捜神大全《さんきょうそうしんたいぜん》』の内容にもとづいて紹介した。

　王爺という神は、ひとりではない。温《おん》王爺・李《り》王爺・蘇《そ》王爺・朱《しゅ》王爺・池《ち》王爺・呉《ご》王爺・范《はん》王爺・金《きん》王爺・周《しゅう》王爺・康《こう》王爺など、多くの王爺が存在している。皇帝にたいして「万歳」と呼ぶが、王については「千歳《せんざい》」とするので、「温千歳」「朱千歳」と称することもある。王爺は、ほんらいは疫病を流行させる神であったとされる。そして、王爺を船に乗せて、その船を焼いたり、海に流したりする祭りが大々的に行われた。これを「焼王船《しょうおうせん》」という。台湾のあちこちの王爺廟で、この祭りが盛大に行われる。神々の生誕を祝う会や、こういった王船

図49　シンガポールの保生大帝像

など、多くの神々の行事は「廟会《びょうかい》」と呼ばれる。そして、中華圏ではこの廟会があちこちで行われていた。日本でいうところの、縁日《えんにち》に近い。台湾の王爺廟は、台南《たいなん》の南鯤鯓代天府《なんこんしんだいてんふ》・屏東《へいとう》の東隆宮《とうりゅうきゅう》・麻豆《まとう》の代天府《だいてんふ》などが有名である。

閩南と台湾では、保生大帝《ほせいたいてい》という医薬の神の廟も多い。保生大帝は姓を呉《ご》、名を本《とう》といい、宋代の名医である。病気を治す神として、信仰が広まり、福建や台湾には多くの保生大帝廟がある。中華圏のほかの地域では、医薬の神としては「薬王《やくおう》」が有名であるが、保生大帝の信仰が強い地域では、あまり出番がない。保生大帝は、漳州《しょうしゅう》にある白礁《はくしょう》慈済《じさい》宮《きゅう》・青礁《せいしょう》慈済宮が有名で、また台湾で

図50　福建清水岩の清水祖師像

は、学甲《がくこう》の慈済宮や台北の保《ほ》安宮《あんきゆう》などが知られている。

清水祖師《せいすいそし》も、福建と台湾で信仰がさかんであり、あちこちで清水祖師廟をみかける。清水祖師は、もともと陳昭応《ちんしようおう》というお坊さんであったとされる。福建の安渓《あんけい》が信仰の中心で、本山とされる清水祖師廟がある。僧侶である清水祖師であるが、済公のように、ほとんど神として祭祀される場合が多い。台湾の三峡《さんきよう》祖師廟は、壮麗な建築で知られているが、そこでは大きな豚を奉納する祭りが行われている。僧侶なのに、豚を奉納してよいのかとも思うが、神として考えられているので、矛盾は感じないのかもしれない。台湾では、清水祖師信仰が強くなりすぎている面もある。もともと、祖師として信仰されている人物は、ほかにも、三坪《さんぺい》祖師、慚愧《ざんぎ》祖師などの僧侶たちがあった。しかし、現在清水祖師の信仰の影響により、もとの祭神が変化してしまっているものも多い。

王爺とは別に、地域で活躍した人物が王となって、信仰の対象となる場合もある。広沢《こうたく》尊王《そんのう》・開漳聖王《かいしょうせいおう》などの神がそれである。広沢尊王は、名を郭忠福《かくちゅうふく》といい、福建泉州において熱心に祀られる神である。広沢尊王の廟は、よく鳳山寺《ほうざんじ》と称される。開漳聖王は、名を陳元光《ちんげんこう》といい、福建漳州で祀られる神である。開漳聖王廟は、規模の大きなものをよくみかける。広沢尊王も、開漳聖王も、台湾において数多くの廟が存在する。

城隍神《じょうこうしん》は、各地で祀られるものであるが、福建の場合は、その配下の神である八家将《はっかしょう》が特色のある神として存在する。城隍神の廟会が行われると、行列を先導するのが八家将となる。いまの廟会では、ほぼ必ずといってよいほど、顔を白塗りにし、さまざまな刑具を持った八家将の姿をみることができる。

また、福建では斉天大聖《せいてんたいせい》、すなわち孫悟空《そんごくう》の信仰がさかんである。台湾でも多くの斉天大聖廟をみかける。

ここまで福建としたが、王爺にしろ保生大帝にしろ、信仰がさかんなのは泉州や漳州などの閩南地域である。福州などを中心とする閩東地域では、かなり信仰される神々に差がある。むろん、媽祖は閩東でも多くの廟をみる。ただ、閩東では臨水《りんすい》夫人《ふじん》など、ほかの海神もよくみかける。

まず九鯉湖仙《きゆうりこせん》がある。これは九人兄弟の仙人とされるもので、仙遊《せんゆう》付近の九鯉湖が信仰の中心となる。福州においても廟によく祀られる。華光大帝《かこうたいてい》も閩東ではたくさんの廟をみかける。福建と台湾のあいだにある馬祖《ばそ》諸島も、信仰的には閩東に属するが、そこには多くの華光大帝廟、また白馬尊王《はくばそんのう》廟をみかける。

意外に、台湾と閩東では、信仰面で違いが大きい。

広東と香港

広東と福建は、近いにもかかわらず、文化面での相違が大きい。当然、宗教面でも異なるところがめだつ。そして香港《ホンコン》はほぼ広東の信仰圏に入る。また、かつてポルトガルに支配されていたマカオ（澳門《アオメン》）も広東に含まれる。もっとも、媽祖廟は広東でも一般的である。

香港でいちばんの人気の廟といえば、まえにも紹介した黄大仙《こうだいせん》（ウォンタイシン）廟である。黄大仙は、あまりほかの地域では廟をみない。ただ、香港の黄大仙廟は、かなり三教一致的な傾向の強い廟である。この廟はいつ行っても、参拝客でごった返している。沙《さ》田《でん》にある車公廟《しゃこうびょう》は、宋《そう》の将軍であったという車公を祀る。こちらも規模の大きな廟である。

広東では、洪聖大王《こうせいだいおう》の廟をみかけることも多い。唐のころの官吏で、洪熙《こうき》という名であ

図51　香港の黄大仙廟

るとされる。海の神であり、媽祖廟でもみかける。マカオの康真君廟《こうしんくんびょう》は、康公《こうこう》を祀っている。洪聖大王もともに祀る。漢の時代の将軍であったというが、当然こういった伝承はあまり当てにならない。

譚公《たんこう》も、広東のあちこちでみる神である。その像は子どもの姿で現される。名は譚徳《たんとく》であるとされる。

女性の神としては、金花夫人《きんかふじん》・龍母《りゅうぼ》などが有名である。金花夫人は、生育の神であり、子授けの神である。そのため、女性に強く信仰される。広西のチワン族においては、同じような女神「花婆《かば》」があるが、あるいはその影響があるかもしれない。

華光大帝も、広東では有力な神のひとつである。あちこちで華光廟をみかけるし、また、ほかの神の脇にもよく祀られている。華光大帝は、広東と閩東の地方神になってしまったわけである。

江南地域

江南《こうなん》といった場合、江蘇《こうそ》の南と浙江《せっこう》あたりを指すが、実際にはもう少し広いと思う。

都市でいうと、杭州《こうしゅう》から蘇州《そしゅう》・無錫《むしゃく》・鎮江《ちんこう》・南京《なんきん》・揚州《ようしゅう》などを含む地域である。「水郷《すいごう》」と呼ばれる水運と街が有機的に結びついた美しい姿を、あちこちでみることができる。歴史的に豊かさを誇ってきた地域でもある。

仏教がさかんであったことが知られ、あちこちに名刹《めいさつ》がある。寒山寺《かんざんじ》などは、ちょっと前の日本人なら耳にしたことがあったと思う。五山《ござん》という、寺院の頂点とされる五つの寺は、ほぼすべて江南にあった。揚州も、古来より仏教の中心地であり、いまでも多くの巨大な寺院が残っている。

蘇州の街の中心にあるのは、玄妙観《げんみょうかん》という道観で、古い歴史を持つ。この道観には、古い雷法《らいほう》の伝統がいまでも残されている。

この地域の神というと、劉猛将軍《りゅうもうしょうぐん》を想起する。それくらい、江南のあちこちでみかける神である。劉猛将軍は、「駆蝗神《くこうしん》」であることで有名である。すなわち、「イナゴの害を防ぐ」神である。「姓が劉である猛将軍」の意味であり、名前が猛というわけではない。

図52　蘇州玄妙観

ただ、名前については、「劉錡《りゅうき》」という説と、「劉鋭《りゅうえい》」という説とがある。「劉《りゅう》承忠《しょうちゅう》」とする説も知られている。実際のところ、これも複合神と考えてもいいかもしれない。

民の移動と信仰

同じ南方でも、信仰がかなり入れかわってしまっている地域もある。

たとえば四川である。四川は明と清の交代の時期に、住民が激減した。そのあと、ほかの地域から移民が来て、もとのものとはかなり異なる文化を形成した。むろん、変わらない部分も残っている。

道教も、四川では全真教が強い。ほんらい、北方の道教である全真教は、一部南方にも伝わっているが、一般的な状況

図53　四川の青羊宮

からすると不可解である。そもそも、四川は天師道《てんしどう》、すなわち正一教の発祥の地ではなかったか。

しかし四川の中心、成都《せいと》にある青羊宮《せいようきゅう》も、老子の伝承で有名ではあるが、全真教の道観となっている。青城山《せいじょうざん》の道観も観光名所として知られているが、全真教の道観となる。青城山は、張天師にかかわる施設も多い。それでも、全真系道観になっている。

同じことは、現在の杭州にもいえる。杭州では、有名な抱朴道院《ほうぼくどういん》という道観がある。『抱朴子《ほうぼくし》』を書いた葛洪《かっこう》のいたところとされる。しかし、やはり全真教の道観である。

杭州は、民間信仰からみても、どう

図54　杭州の抱朴道院

も昔の文化があまり残っていないのでは、と思われる地区である。むろん、霊隠寺《りんにんじ》・浄慈寺《じんずじ》・三天竺《さんてんじく》などの古い寺院が残る場所でもある。岳飛《がくひ》を祀る廟も、ちゃんと残っている。

霊隠寺の近くに、「天下第一財神《てんかだいいちざいしん》廟《びょう》」という廟がある。いまは、趙公《ちょうこう》明《めい》や比干《ひかん》など、一般的な財神《ざいしん》を祀る廟となっている。しかしここは、ほんらいは華光大帝を祀る廟であった。明代までは、杭州は華光大帝の信仰の一大拠点でもあった。ところが、いま現地の人々は華光大帝について、驚くほど知らない。そのため、かつて華光廟であった天下第一財神廟も、いまでは華光が祀られない廟になってしまった。

廟だけが残り、中身の神が入れかわるという、ひじょうに珍しい現象ともなっている。杭州は祠山張大帝《しざんちょうたいてい》の廟もたくさんあったはずであるが、いまではひとつも残っていない。明代まで、さかんであった信仰の多くが、いまの杭州では消滅してしまっている。

四川・杭州に限らず、中国は戦乱などで地域の住民が入れかわる場合がかなりある。清代に限っても、白蓮教徒の乱・太平天国の乱・義和団の乱と、大規模な混乱には事欠かない。特に、太平天国の場合は、民間信仰の廟を「迷信だ」と称して徹底的に壊してまわった。太平天国の支配地域は、いま調べると、古い廟がかなり失われている。

ではそのように、ほかの地域でも、古い信仰がすべて消えてしまっているのかといえば、そうでもない。

たとえば、温州《おんしゅう》である。杭州と同じく、浙江にある。そして、近代的ビルの並ぶ都市となっている。

この街の信仰を調べてみると、驚くことが多い。まず、どこにでもあるはずの媽祖廟が異様に少ない。南方の、しかも海に近いところであれば、媽祖を祀る場所は多いはずである。しかし、ほとんどみかけない。そのかわり、媽祖が有力になる前に存在した、多くの水神たちの廟が残っている。臨水夫人・楊府大神《ようふたいしん》・平水聖王《へいすいせいおう》・三港聖王《さんこうせいおう》などは、宋から明にかけて信仰が発展した神である。こういった地域の水神の多くは、媽祖の配下となるか、

図55　温州の山王元弼真君像

信仰が消失してしまったかで、独立して祀られることは少なくなっている。もっとも、臨水夫人に関しては、台湾でも福建でも、廟が結構残っている。

元弼真君《げんひつしんくん》も、温州でよく拝まれている神である。この神は、実は古来からの仙人のひとり王子喬《おうしきょう》である。また、王子晋《おうじしん》とも呼ばれる。天台山の守護神であり、山王元弼真君《さんおうげんひつしんくん》というのがその号である。すなわち、日本の比叡山《ひえいざん》の守護として祀られる山王《さんのう》のもととなった神である。この神の来歴は古く、ほかの地域ではほとんど信仰が衰えてしまっている。

温州はまた五顕大帝《ごけんたいてい》などの古い神々も、そのまま祀られている。しかしながら、関帝廟はほとんどみかけない。

　同じ浙江という省内にありながら、杭州と温州では、まったく宗教文化の保存の状況が異なるといってよい。南方の地域は、宗教文化の様相、濃淡がかなり異なっている。安徽《あんき》なら安徽の、湖南《こなん》なら湖南の特色があり、また細かい地域ごとの差異も大きい。筆者も、細かい信仰の差異については、まだまだ把握できていない。

北方の習俗

　中国大陸の北方は、南方に比べると、細かい地域での差は少ないとされている。しかし、北京と天津《てんしん》などのように、近くてもだいぶ文化が異なるところもある。

華北の信仰

　北京も、かつては数千の廟があったとされる。しかし、そのほとんどは、いまは残っていない。記録をみると、中華民国期までは、かなりの廟がまだ存在していた。これほどの廟が短期間で失われてしまったのは、やはり残念ではある。もちろん、一九八〇年代より、かなりの廟を復活させている。ただ、廟の建物だけが復活し、中身が伴っていないものも多い。

　北京に限らず、中国大陸北方の信仰の中心となっているのは、娘娘信仰である。むろん、南方にも娘娘神は存在しているが、北方のそれとは異なる性格を持っている。娘娘神は、単独で祀られることは少なく、だいたいは「三娘娘」「五娘娘」などと、いくつかの娘娘神の組みあわせで祭祀される。

まず筆頭に来るのが、碧霞元君《へきかげんくん》である。また泰山娘娘・天仙娘娘《てんせんにゃんにゃん》とも呼ばれる。当然ながら、泰山の主である東岳大帝の娘とされている。しかし、古い記録をみても、東岳大帝には息子はいても、娘はいなかったはずである。いつの間にか、娘として加わっている神となる。

山東の泰山に行くと、多くの廟がある。しかし、ふもとの岱廟《だいびょう》には東岳大帝を祀るものの、そのほかの廟は、多くが泰山娘娘の廟である。泰山の主というのは、いまや泰山娘娘、すなわち碧霞元君を指すといっても過言ではない。

実は、南方の、たとえば台湾の東岳廟においては、泰山娘娘の姿がなかったりする。おそらく、南方の廟のほうが、古い伝統を保持していると考える。

北京では、かつて五つの泰山娘娘を祀る有名な廟があった。すなわち、東頂《とうちょう》・南頂《なんちょう》・中頂《ちゅうちょう》・西頂《せいちょう》・北頂《ほくちょう》である。そして、さらに北京の西側に妙峰山《みょうほうざん》という山があり、北京の人々はここを泰山にみたてて参拝した。妙峰山の泰山娘娘廟も、広く名が知られた廟である。

娘娘廟の場合、中心になるのは泰山娘娘であるが、ほかに眼光娘娘《がんこうにゃんにゃん》・子孫娘娘《しそんにゃんにゃん》などを祀る場合があり、この時は三娘娘の廟となる。眼光娘娘は、目の病気を治す神である。手元に、巨大な目を持っている。子孫娘娘は、子授けの神である。子どもを抱《だ》いた姿をしている。また斑疹娘娘《はんしんにゃんにゃん》・痘疹娘娘《とうしんにゃんにゃん》という治病の神が入ると、五娘娘になったりする。山西《さんせい》・河北《かほく》・山東・東北三省の至るところで、これらの娘娘神を祀っているのをみかける。

図56　山西の廟の眼光娘娘像

『封神演義《ほうしんえんぎ》』は、娘娘信仰にも影響をあたえている。いま多くの廟で、三娘娘の名前を雲霄娘娘《うんしょうにゃんにゃん》・瓊霄娘娘《けいしょうにゃんにゃん》・碧霄《へきしょう》娘娘《にゃんにゃん》とする。むろん、『封神演義』で活躍する娘娘である。

　このほか、河北や山東で医療の神として「薬王」を祀ることがみられる。道観や廟に娘娘殿があれば、だいたい薬王殿《やくおうでん》もある。薬王として祀られる神もひとつではない。だいたい、生前に医者だった者が神となった形である。

図57　遼寧の廟の薬王

まず扁鵲《へんじゃく》、これは古代の名医である。後漢の張仲景《ちょうちゅうけい》、『三国志演義《さんごくしえんぎ》』でも有名な華陀《かだ》なども薬王となるが、これらも名医である。さらに唐代の道士である孫思邈《そんしばく》なども祀る。これらの神をまとめて並べる廟も多い。

南方にも薬王廟はあるが、保生大帝《ほせいたいてい》の信仰が強い地域では少ない。まれに、両者を合わせて祀るところもある。薬王廟も、保生大帝廟も、医薬の祖として、神農《しんのう》を祀るのは共通している。

一般的な廟の場合、娘娘殿・薬王殿とくると、次は財神殿である。財神殿には、よく知られた財神、すなわち、関帝・趙公明・比干などが並ぶ。このうち、武財神《ぶざいしん》が関帝と趙公明で、文財《ぶんざい》

図58　シンガポールの廟の財神

神《しん》が比干とされる。山西は関帝と呂《りょ》洞賓《どうひん》の出身地であるためか、この両者を特に重視する傾向がある。とはいえ、やはり娘娘神の信仰が強い。

東北の五大仙

遼寧《りょうねい》・吉林《きつりん》・黒《こく》龍江《りゅうこう》の東北三省、すなわち旧満洲《まんしゅう》でも、当然ながら娘娘の信仰が強く、至るところで娘娘神の像をみることができる。

旧満洲最大の祭りとされていたのが遼寧の大石橋《だいせききょう》の娘娘廟の廟会で、東北のあらゆる地域から人が集まったようである。ただ、娘娘廟はいったん壊されたようで、現在のものは修復した廟とのことである。薬王・財神などの神も、さかんに祀られて

図59　大連の廟の五大仙像

いる。

しかし、東北の信仰はかなり特殊な部分もある。それは五大仙の信仰である。

東北地方は、シャーマン文化がさかんな地である。現在、だいぶ衰えたが、その傾向は変わらない。東北のシャーマンは「大神《だいしん》」「大仙《だいせん》」などと呼ばれ、また祀る神については、「四大門《しだいもん》」「五大仙」との呼称がある。その儀式を「出馬仙《しゅつばせん》」といい、人々の病気を治したりする。

五大仙とは「胡仙《こせん》」「黄仙《こうせん》」「白仙《はくせん》」「柳仙《りゅうせん》」「灰仙《かいせん》」を指すとする。四大門とは「狐《こ》門《もん》」「黄門《こうもん》」「白門《はくもん》」「柳門《りゅうもん》」であるとする。胡仙とはキツネの霊であり、黄仙とはイタチである。白仙はハリネズミであり、柳仙はヘビ、灰仙はネズミとなる。すなわち、動物霊の仙人である。

キツネを神として祀ることは南方でも行われているが、東北地方ではかなり特殊である。キツネの神は、胡三太爺《フーサンタイイエ》・胡二太爺《フーアルタイイエ》などの名称を持つ。イタチの神は、黄三太爺《ホアンサンタイイエ》・黄大仙《ホアンターシエン》などの名となる。民間伝承が時に入りまじり、豪傑の黄天覇《ホアンティエンパー》が、この黄仙の系列になぜか入っている。

ただ、神々の装束はむしろ清朝の官吏に近く、どうも、この信仰が新しく発展したことを示すものと思われる。

東北の道観では、五大仙が護法殿《ごほうでん》に祀られることが多い。また全真教系の道観においては、黒老太太《ヘイラオタイタイ》という神が特別視されている。

こういった神々については、来歴がよくわからないものも多い。ただ、これだけの種類の動物仙というのはひじょうに珍しく、おそらく北方の異民族の影響があるとされる。

また動物仙を「大仙」と呼ぶのは、『西遊記《さいゆうき》』において、虎力大仙《こりきたいせん》・鹿力大仙《ろくりきたいせん》・羊力大仙《ようりきたいせん》が登場し、動物の仙人がそう称されていることから来たものではないかと推察する。

華人信仰の伝播と変容

東南アジアの信仰

東南アジアの華人信仰

東南アジアの国々、すなわちマレーシア・シンガポール・タイ・インドネシア・ベトナム・フィリピンといった地域にも、華人信仰は広がっている。特にマレーシアやシンガポールは、華人の割合も高く、かつ言語も中国語が日常的に話されており、広い意味での中華圏に入ると考えてよい。だいたいは、清朝になってから中国大陸の人口が急に増えたために、移民も増加したことによるものである。これは、大陸の東北地方や、台湾などの移民も同じである。

しかしながら、東南アジアには多くの民族があり、それぞれの宗教を保持している。そのため、マレーシアなどに行くと、イスラム教のモスク、キリスト教の教会、仏教の寺院、ヒンドゥー教の寺院、そして華人廟《びょう》が近接して建っていたりする。シンガポールもほぼ同様である。ただマレーシアとインドネシアはイスラム教が主流の国であるため、華人信仰はやや脇に置かれている。

　華人廟が多いのは、やはりチャイナタウン、中華街、すなわち唐人街《とうじんがい》と呼ばれる地区である。もっとも、そもそも華人の割合が多い都市国家シンガポールについては、全体が巨大なチャイナタウンという形かもしれない。華人の割合の多いところでは、ほかにもマレーシアのペナン島とマラッカなどがある。チャイナタウンとして知られているのは、タイのバンコクのヤワラート、ベトナムのホーチミンのチョロン、インドネシアのジャカルタのグロドック、フィリピンのマニラのビノンドなどがあげられる。ただ、中華街であるにもかかわらず、中国語が通じないところも多い。

　これらの地域に流通する民間信仰は、圧倒的に南方のものである。すなわち、福建《ふっけん》・広《カン》東《トン》・海南島《かいなんとう》・潮州《ちょうしゅう》などの信仰である。また、それぞれの地域の信仰が混ざった形で存在することも、よくみられる。

　いずれの地域も、媽祖廟《まそびょう》と関帝廟《かんていびょう》は絶対にある。商人たちは船に乗ってやって来て、売買を進めたし、また他国との貿易に力を入れた。航海の神である媽祖、商売の神である関帝、これらを祀るための廟は、もう必須といってよい。

　ほかにも玄天上帝廟《げんてんじょうていびょう》・清水祖師廟《せいすいそしびょう》・広沢尊王廟《こうたくそんのうびょう》・開漳聖王廟《かいしょうせいおうびょう》・哪吒太子廟《なたたいしびょう》・斉《せい》

天大聖廟《てんたいせいびょう》など、台湾や香港《ホンコン》などでみかける多くの廟が、東南アジアでも同じように存在している。

独自の神々

シンガポールやマレーシアなどには、「ババ・ニョニャ文化」、またの名を「プラナカン文化」というものが展開している。マレー文化に中華系の文化がプラスされて、独特の文化に発展したものである。ヨーロッパの文化もベースにあり、建築から衣服・料理など、その範囲は広い。

信仰も、マレー文化と中華文化が合わさったものがある。それが拿督公《だとくこう》信仰である。もともと、マレーの精霊であるダトゥと、華人の土地公《とちこう》信仰が混ざって、独特の土地神へと変化したものである。東南アジアのあちこちで、拿督公廟をみることができる。その像をみると、いかにもマレー人の姿をしているので、やや奇異に感ずる。イスラム文化がこれほど強い土地で、こういった現象が起こるのは、ひじょうに興味深い。

土地公、すなわち土地神も、中国大陸とかなり差がある。ベトナムやタイでは、よく「本頭公《ほんとうこう》」という神の廟をみかける。これは土地公の廟である。また、マレーシアやシンガポールでは「大伯公《だいはくこう》」の廟をみるが、これも土地公である。大伯公の廟には、よく「福徳正神《ふくとくせいじん》」の文字が掲げられているが、すなわちこれは土地神という意味である。なぜ土地神の名称が東南アジアではこうなったかについては、いろいろ説がある。

図60　シンガポールの拿督壇

また、九皇大帝《きゅうこうたいてい》も、東南アジアで独自に発展した神である。シンガポールでも、マレーシアでも、華人廟の最大の祭りとは、九皇大帝の廟会《びょうかい》である。ほかの東南アジアのあちこちでも、さかんに行われている。しかし中国大陸では、九皇大帝という神は、ほとんどみない。どうも、斗母《とぼ》の子とされる星の神、すなわち北斗七星にプラスするふたつの星を九皇と称したものであるようだ。だから、一部の廟では、九皇廟は斗母廟となっている。台湾では、王爺《おうや》を乗せた船を焼く、「王船《おうせん》」の儀式が行われているが、東南アジアでは、「九皇船」の儀式が行われている。同じような儀式なのに、主体である神が、王爺と九皇大帝で入れかわっ

図61　ハノイの聖母を祀る廟

ているわけである。また、東南アジアでは、王爺の信仰はそれほど強くない。

　ベトナムの寺院に行くと、柳杏聖《りゅうきょうせい》母《ぼ》・地仙聖母《ちせんせいぼ》・水宮聖母《すいきゅうせいぼ》・上岸聖母《じょうがんせいぼ》などの女神が祀られているのが目につく。ハノイに西湖府《さいこふ》という廟があるが、ここは聖母道《せいぼどう》の聖地で、柳杏聖母などの神を祀る。そのあり方は、中華圏の娘娘神《にゃんにゃんしん》に似ている。ベトナムの聖母道は、道教とよく似た形式を持っているが、ベトナム独自の宗教である。レンドンという儀式を行うことで知られている。

　このほかにも、多くの東南アジア独自の中華系の信仰がある。

図62　中華系の神々とともに祀られるガネーシャ

ガネーシャとサント・ニーニョ

東南アジアでは、華人廟のすぐそばにヒンドゥー寺院やモスクが建っていたりする。いろんな宗教が混在し、並存している状態である。ただ、それぞれの宗教文化は基本的には没交渉で、それぞれ別個に活動している。

とはいえ、なんでも取りいれる中華系の廟には、ときどき予想しない形でほかの宗教文化が入ってくる。シンガポールの華人廟のなかには、ヒンドゥー寺院に祀られるガネーシャ神を財神として置いているところがある。中華系の土地公などの像があるなか、ガネーシャが祀られるのにはかなり違和感があるのだが、あまり気にした様子もない。参拝客も、中華の神もインドの神も、ともに拝んでいく。とはいえ、中華系の廟でみるのは圧倒的にガネーシャが多く、そのほかのヒンドゥーの神はあまりみたことがない。

フィリピンのマニラの廟では、「玉皇三太子《ぎょくこうさんたいし》」という神をよくみかける。しかし、中華圏でも、そのほかの東南アジアの廟でも、玉皇三太子なる神には、あまりおめにかからない。三太子といえば、哪吒三太子《なたさんたいし》であるのが一般的である。どうもこの神は、幼きイエス・キリスト、すなわちサント・ニーニョが華人廟のなかに取りこまれたものであるようだ。「サント」が、つまりは「三太子」なのだろう。フィリピンにおけるサント・ニーニョ信仰は圧倒的といえる。フィリピンの華人社会が取りこむのも理解できる。マニラの道観では、むしろこの玉皇三太子を中心に据えるものもある。

日本に伝わる民間信仰

道教・民間信仰と日本

中華の道教や民間信仰は、長い交流の歴史を持つ日本にも、大きな影響をあたえている。ただ、道教それ自体は、結局日本には伝わらなかった。だから、日本には道士がいないし、道観もない。これは、お坊さんがいて、お寺もあちこちにある仏教と比べて、ハッキリとした差異となっている。

唐《とう》の王朝は、遣唐使《けんとうし》を派遣した日本に、仏教だけでなく、道教も受けいれるようにと、かなり圧力をかけたようである。道教が国教であった以上、それは当然の行為であったかもしれない。ただ、結局日本は道士の受けいれなどは行っておらず、道観も建てなかった。政治上の駆けひきとしては、道教を入れまいと、なんとか努力している様子もうかがえる。

もっとも、安期生《あんきせい》や王子喬《おうしきょう》などの伝承は、日本でも広く知られていた。陰陽師《おんみょうじ》が「泰《たい》山府君祭《ざんふくんさい》」を行っていたことは有名である。日本文化には、道教が大きく影響しているのは確かである。ただ、三清《さんせい》や玉皇が日本で祀られるということはほとんどない。信仰として伝わってきたのは、むしろ媽祖《まそ》や関帝などの民間信仰の神々である。

日本のあちこちに「天妃神社《てんひじんじゃ》」が存在しているが、これは天妃媽祖を祀ったものである。もっとも、現在は祭神を変えてしまっているところがほとんどである。

長崎には唐寺《とうでら》という、清《しん》の商人たちが参拝する寺院があった。すなわち崇福寺《そうふくじ》・興福《こうふく》寺《じ》・福済寺《ふくさいじ》・聖福寺《しょうふくじ》である。江戸時代、清とオランダとは貿易を続けていたため、清の商人たちは、長崎に来る時、これらの寺に船の媽祖の神像を預けたりした。長崎では、これを「菩薩揚《ぼさあ》げ」と称していた。この祭りは、現在また長崎の行事として復活している。

崇福寺と興福寺には、媽祖堂が残っている。中心に媽祖を祀り、手前には順風耳《じゅんぷうじ》と千《せん》里眼《りがん》がある。歴史のある媽祖廟と称して問題ない。興福寺の媽祖堂の脇には、三官大帝《さんかんたいてい》と関帝が祀られている。崇福寺にも、関帝の像がある。これらも、古くから存在する関帝の像である。

宇治《うじ》の黄檗宗《おうばくしゅう》の萬福寺《まんぷくじ》には、華光大帝《かこうたいてい》の像がある。この像は、以前は関帝であるとされていたが、三眼《さんがん》であり、ヒゲもない。財神、華光大帝となる。萬福寺のつくられたころは、まだまだ華光信仰はさかんであった。また萬福寺自体が、福建にあったもので、福建の文化の影響を受けている。華光を伽藍《がらん》守護神として祀るのは、当然であると思われる。

鎌倉期に来た神々

日本の鎌倉時代は、中国の南宋《なんそう》との仏教における交流がさかんであった。日本から多くの僧侶が留学したし、また中国からもやって来た。臨済宗《りんざいしゅう》の栄西《えいさい》、曹洞宗《そうとうしゅう》の道元《どうげん》が有名であるが、ほかにも俊芿《しゅんじょう》など、多くの僧侶が南宋に渡った。彼らの多くは、五山《ござん》と呼ばれる寺院に滞在して学んだ。また、蘭渓道《らんけいどう》隆《りゅう》・無学祖元《むがくそげん》・大休正念《だいきゅうしょうねん》・一山一寧《いっさんいちねい》など、有名な禅師《ぜんじ》が中国からやって来た。

南宋では径山寺《きんざんじ》・霊隠寺《りんにんじ》・浄慈寺《じんずじ》・天童寺《てんどうじ》・阿育王寺《あいおうじ》が五山と呼ばれたが、日本でもこれにならって、鎌倉五山・京都五山などの寺院を構成していった。すべて禅宗寺院である。これらの日本の五山寺院は、中国の五山をコピーする形でつくられた。

その時に、中国で当時祀られていた伽藍守護神も、そのまま日本にやって来ることになったのである。まえに少しふれた、水神の祠山張大帝《しざんちょうたいてい》は、まさに、この時期に日本にやって来た。いまでも、鎌倉の建長寺《けんちょうじ》・寿福寺《じゅふくじ》、京都の建仁寺《けんにんじ》や泉涌寺《せんにゅうじ》には張大帝の像がある。また海神の招宝七郎《しょうほうしちろう》も、伽藍守護の神としてやって来た。寿福寺や、京都の相国《しょうこく》寺《じ》などに像が残っている。また、招宝七郎は、曹洞宗の寺院にはだいたい配置されている。

この当時の、祠山張大帝と招宝七郎の組みあわせは、ある意味、いまの関帝と媽祖の組みあわせのようなものであった。のちに張大帝も招宝七郎も信仰が衰えたため、中国の寺院からは姿を消し、かえって日本の寺院に残っているわけである。

鎌倉期には、もうひとつ、重要な神がやって来ている。妙見菩薩《みょうけんぼさつ》と称される妙見神である。日本のあらゆるところに、妙見山・妙見町・妙見通りなどが存在する。いかに信仰が広まったかが、これから判明する。

もともと妙見は、密教《みっきょう》の神として、平安時代には渡来していた。しかし、鎌倉時代になると、玄天上帝《げんてんじょうてい》の影響を受けて、その姿そっくりになってしまう。冠をつけずに、ざんばら髪で、足には亀を踏み、手には蛇、すなわち玄武《げんぶ》の姿をとる。まぎれもなく、武当《ぶとう》山《ざん》の玄天上帝と同じ形である。

妙見は確かに、北方の守護神であり、性格が玄天上帝とよく似ている。ただ、どうして日本の妙見神が、玄天上帝の姿になってしまったのかについては、ナゾも多い。もちろん、妙見はいろいろな姿の像があり、すべてが玄天上帝タイプではない。しかし、ある意味では、日本でもっとも信仰されている道教神なのではないかと考える。

複雑な中華の信仰世界——エピローグ

とにかく中華圏の民間信仰は、複雑な世界となっている。地域ごとの差が大きすぎるし、また時代による変化が激しく、その全容を把握するのは、個人ではとうてい不可能である。ましてや、民衆自体は記録を留めることは少なく、読書人の手によって限られた情報しか伝えられていないということもある。消えてしまった信仰は、想像するより、はるかに多かったであろう。

もっとも、連続性が高いと思われる三教、儒教・仏教・道教についても、意外に時代による断絶は強く存在している。宋代《そうだい》でも、明代《みんだい》でも、実際には伝統が途切れているにもかかわらず、ちゃっかりと伝統と称して復活させる場合が多い。ただ、それは「書物からのリバイバル」である場合がほとんどである。

民間信仰の場合は、この「書物から」の復活がしにくいぶん、変化が激しくなるという面もある。たとえば、趙公明《ちょうこうめい》は、六朝《りくちょう》時代のものと、明代以降の現在の姿では、まるっきり別の神となっていると考えられる。しかし、多くの者たちは、あくまで、いまみられる姿をベースにして信仰を復元させようとする。終南山《しゅうなんざん》に現在、大きな趙公明の廟《びょう》が建てられているが、それはもともとの信仰とは関係がないものである。そもそも『三教捜神大全《さんきょうそうしんたいぜん》』などの書物に終南山とあったから、ムリヤリに復興させたものであろう。そこにかなりムリがあることについては、あまり注意されない。かくして、「財神《ざいしん》趙公明祖廟」ができあがる。

杭州《こうしゅう》の「天下第一財神廟」も、もともとは華光大帝廟《かこうたいていびょう》であった。しかし、地元では華光大帝の信仰は忘れられ、かつ財神であったことも記憶されなくなる。それでも、財神廟の建物は残っている。そこで、「いまの財神」である趙公明や関帝をムリヤリ持ってきて、主神に据える。伝統もへったくれもあったもんではないが、地元ではむしろそういう所作に正統性をみいだすのであろう。

安徽《あんき》の祠山張大帝《しざんちょうたいてい》を調査した時、張大帝の祖廟とされるものが再建されていた。しかし、地元で張大帝を信仰するむきはまったくない。これも、書物からムリヤリ再建した伝統である。もっとも、張大帝については、江蘇《こうそ》の高淳《こうじゅん》のほうに行くと、まだ昔ながらの廟が残っている。つくられた伝統でない、ほんらいの意味での伝統である。こういった地域に残った伝統は、大事にすべきだと思う。

そして、民間信仰でやっかいなのが、『封神演義《ほうしんえんぎ》』の影響である。四川《しせん》の青羊宮《せいようきゅう》といえば、太上老君《たいじょうろうくん》の伝承がある由緒正しい道観《どうかん》である。しかし、なかの殿には、『封神演義』に登場する「崑崙十二仙《こんろんじゅうにせん》」の像が祀られている。これも、『封神演義』の設定でしかなかったものが、いまや堂々と道教の中心地に入りこんでいるわけである。

重慶《じゅうけい》の老君洞《ろうくんどう》という有名な道観で、元帥神《げんすいしん》が並んでいるのをみたが、どうみても楊戩《ようせん》の姿をした像が「楊元帥《ようげんすい》」として、またどうみても雷震子《らいしんし》である像が「雷元帥《らいげんすい》」として置かれていた。もともと、楊元帥も雷元帥も、楊戩や雷震子とは関係のない神である。ところが、もとの元帥神については忘れられ、『封神演義』の登場人物のほうで置き換えてしまっているわけである。

マレーシアでも、伯邑考《はくゆうこう》や雷震子、金光聖母《きんこうせいぼ》などが武神《ぶしん》として並ぶ廟があった。もともとは、雷公《らいこう》や電母《でんぼ》だったのだろうが、『封神演義』で有名な雷震子や金光聖母のほうに置きかわってしまったわけである。

これらの例に限らず、多くの道観や廟で、『封神演義』をベースとする神像がつくられている。そして、ほんらいの伝統的な姿は、むしろ淘汰されていく。残念ながら、この「封神化」とも称すべき動きは、もう止まらないと思う。

日本でも、もともと妙見社《みょうけんしゃ》であったところが、天之御中主《あめのみなかぬし》に祭神がムリヤリ変更され、いまではすっかり、もとの伝統が忘れられてしまっているところも多い。

われわれが接する宗教文化は、そのように「作為された伝統」が、かなりの部分を占めることに、常に注意する必要があるだろう。

あとがき

本書は概説的なものにするつもりであったのが、だんだんと筆者の意見が強くなってきて、かなりエッセイに近いものになってしまった。特に、現在の中華圏の宗教文化については、筆者の感想にすぎない記述も多々ある。そのあたりは、割り引いて読んでいただきたい。

ただ、これまで中華圏の各地を訪れて、とにかく宗教文化がその地域によってバラバラであることは痛感していた。福建《ふっけん》と広東《カントン》を訪れた際、福州《ふくしゅう》・莆田《ほでん》・泉州《せんしゅう》・漳州《しょうしゅう》・潮《ちょう》州《しゅう》・広州《こうしゅう》と、それほど距離が離れてないにかかわらず、異様なほど神々も、廟《びょう》の姿も異なることに、驚愕した覚えがある。本書は、そういった過去の思いを反映している面もある。

詳しく述べられなかったことも多々ある。たとえば、地方で行われている儺戯《だぎ》や、宝巻《ほうかん》を使った宣巻《せんかん》の儀式などについても、もっと説明すべきだったと思う。

また、多くの事象を取りあげるあまり、各事象を単純化してしまっている例もある。岳《がく》飛《ひ》に対する清朝《しんちょう》の態度は、実は一枚岩ではなく、各皇帝によって大きな差がある。ただ、これも詳しく説明しているとキリがないので、あえて述べなかった。二郎神《じろうしん》のもととなった神もいろいろ議論があり、ティシュタル神ではなく、ヴェーシュパルカル神であるとする説、またヴェーシュパルカル神とシヴァ神が複合しているという説もある。ただこれも、マジメに議論しだすとかなりの紙幅を費やすので、省略している。ほかの箇所でも、かなり議論を省略しているところがあることを、ご寛恕いただきたい。

本書では地域の違いを強調したが、現在交通が発展し、人々も移動し、また普通話《プートンホア》がどんどん普及している中国では、地域の特色がかなり薄れていっている。都会に住む若者の多くが、メディア作品を通じて初めて神々について知ったという事例も、いまは増えている。

ある道士に聴いたら、彼はもともと北京の白雲観《はくうんかん》で修行したが、その後、上海の城隍《じょうこう》廟《びょう》などに出むき、さらに武当山《ぶとうざん》へ移ったということであった。今後は、道教や仏教の地域色もどんどん変わっていくものと思われる。

民間信仰で重要な活動であった廟会《びょうかい》も、いまでは行われていなかったり、単なるイベントと化してしまったものも多い。いずれ、また社会の変化を受けて、変容していくのであろう。

本書のきっかけとなったのは、名古屋市立大学の吉田一彦先生のもとで行われている日本学術振興会の科学研究費による研究で、筆者もそこからさまざまな示唆を得た。感謝申しあげたい。

また吉川弘文館編集部の永田伸氏・大熊啓太氏にはたいへんなご苦労をおかけした。陳謝するとともに、お礼申しあげたい。もともと一年間くらいの期間で書きあげるはずが、大学において雑務に追われており、なかなか執筆の時間が取れなかった。慚愧の至りである。

二〇二四年一月

二階堂善弘

参考文献（筆者本人の著作は、ほぼすべての章にわたって利用している）

二階堂善弘『封神演義の世界―中国の戦う神々―』（大修館書店、一九九八年）
二階堂善弘『道教・民間信仰における元帥神の変容』（関西大学出版部、二〇〇六年）
二階堂善弘『明清期における武神と神仙の発展』（関西大学出版部、二〇〇九年）
二階堂善弘『アジアの民間信仰と文化交渉』（関西大学出版部、二〇一二年）
二階堂善弘『東南アジアの華人廟と文化交渉』（関西大学出版部、二〇二〇年）

現代も生きる宗教文化―プロローグ

野口鉄郎ほか編『道教事典』（平河出版社、一九九四年）
尾崎正治ほか編『道教の神々と経典』（雄山閣、一九九九年）
吾妻重二ほか編『東アジアの儀礼と宗教』（雄松堂出版、二〇〇八年）
窪　徳忠『道教の神々』（平河出版社、一九八六年）
澤田瑞穂『中国の民間信仰』（工作舎、一九八二年）
志賀市子『近代中国のシャーマニズムと道教―香港の道壇と扶乩信仰―』（勉誠出版、一九九九年）
可児弘明『民衆道教の周辺』（風響社、二〇〇四年）
吉田一彦編『神仏融合の東アジア史』（名古屋大学出版会、二〇二一年）
朱　天順『媽祖と中国の民間信仰』（平河出版社、一九九六年）

伊藤晋太郎『「関帝文献」の研究』（汲古書院、二〇一八年）
胡　小偉『関公崇拝溯源』（北岳文芸出版社、二〇二〇年）
顔　清洋『関公全伝』（台湾学生書局、二〇〇二年）
洪　淑苓『関公民間造型之研究―以関公伝説為重心的考察―』（国立台湾大学出版委員会、一九九五年）
奚徳基ほか編『済公与済公文化研究』（中国文聯出版社、二〇〇六年）

民間信仰と三教の関係

窪徳忠ほか編『中国文化叢書6　宗教』（大修館書店、一九六七年）
田中文雄ほか編『道教の教団と儀礼』（雄山閣、二〇〇〇年）
小島　毅『儒教の歴史』（山川出版社、二〇一七年）
横手　裕『道教の歴史』（山川出版社、二〇一五年）
神塚淑子『道教経典の形成と仏教』（名古屋大学出版会、二〇一七年）
菊池章太『儒教・仏教・道教―東アジアの思想空間―』（講談社、二〇〇八年）
本田済訳『抱朴子内編』（平凡社、一九九〇年）
松枝茂夫ほか編訳『宋・元・明通俗小説選』（平凡社、一九七一年）
立間祥介訳『三国志演義』（平凡社、一九六八年）
太田辰夫ほか編訳『西遊記』（平凡社、一九七一年）
澤田瑞穂校注『破邪詳弁―中国民間宗教結社研究資料―』（道教刊行会、一九七二年）
丁仁傑主編『道教復興与当代社会生活―劉枝萬先生記念論文集―』（台湾中央研究院民族学研究所、二一

〇二〇年）
唐　大潮『明清之際道教「三教合一」思想論』（宗教文化出版社、二〇〇〇年）

民間信仰の神世界

増尾伸一郎ほか編『道教の経典を読む』（大修館書店、二〇〇一年）
李　献璋『媽祖信仰の研究』（泰山文物社、一九七九年）
彌永信美『大黒天変相』（法蔵館、二〇〇二年）
二階堂善弘「二眼の二郎神」（『東アジア文化交渉研究』第七号、二〇一四年）
二階堂善弘「お札になった趙公明」（『中国史史料研究会会報』第五号、二〇二〇年）
呂宗力・欒保群『中国民間諸神』（河北教育出版社、二〇〇〇年）
謝　世維『道密法円―道教与密教之文化研究―』（新文豊出版、二〇一八年）
黎　国韜「二郎神之祆教来源―兼論二郎神何以成為戯神―」（『宗教学研究』第二期、二〇〇四年）
侯　会「二郎神源自祆教雨神考」（『宗教学研究』第三期、二〇一一年）
Richard Von Glahn, *The Sinister Way: The Divine and the Demonic in Chinese Religious Culture*, Univ of California Press（2004）
Meir Shahar, *Oedipal God: The Chinese Nezha and His Indian Origins*, Univ of Hawaii Press（2015）

道教の神仙世界

袁珂（佐々木猛訳）『中国神話史』（集広舎、二〇二三年）
大形　徹『不老不死―仙人の誕生と神仙術―』（講談社、一九九二年）

本田済ほか編訳『抱朴子、列仙伝、神仙伝、山海経』（平凡社、一九六九年）
李　豊楙『六朝隋唐仙道類小説研究』（台湾学生書局、一九八六年）
荘　宏誼『明代道教正一派』（台湾学生書局、一九八六年）
王　漢民『八仙与中国文化』（中国社会科学出版社、二〇〇〇年）
陳伝平編『曲阜、孔廟、孔林、孔府』（三秦出版社、二〇〇四年）
李　剣楠「道教神仙系譜『洞玄霊宝真霊位業図』について」（『中国哲学論集』三七号、二〇一一年）

通俗文芸と中華の神々

太田辰夫『西遊記の研究』（研文出版、一九八四年）
磯部　彰『「西遊記」形成史の研究』（創文社、一九九三年）
李　豊楙『許遜与薩守堅』（台湾学生書局、一九九七年）
黄　兆漢『中国神仙研究』（台湾学生書局、二〇〇一年）
苟　波『道教与神魔小説』（巴蜀書社、一九九九年）
廖　敏『元代道教戯劇研究』（巴蜀書社、二〇一三年）
李　艶『明清道教与戯劇研究』（巴蜀書社、二〇〇六年）

地域で異なる神々の世界

野口鉄郎ほか編『道教と中国社会』（雄山閣、二〇〇〇年）
澤田瑞穂『増補宝巻の研究』（国書刊行会、一九七五年）
濱島敦俊『総管信仰―近世江南農村社会と民間信仰―』（研文出版、二〇〇一年）

劉　枝萬『台湾の道教と民間信仰』（風響社、一九九四年）
鄭　正浩『漢人社会の礼楽文化と宗教―神々の足音―』（風響社、二〇〇九年）
廣田律子『中国民間祭祀芸能の研究』（風響社、二〇一一年）
古家信平『台湾漢人社会における民間信仰の研究』（東京堂出版、一九九九年）
志賀市子『中国のこっくりさん―扶鸞信仰と華人社会―』（大修館書店、二〇〇三年）
オーバーマイヤー（林原文子訳）『中国民間仏教教派の研究』（研文出版、二〇〇五年）
劉雄峰（二階堂善弘ほか訳）『神話から神化へ―中国民間宗教における神仏観―』（関西大学出版部、二〇一五年）
鍾　華操『台湾地区神明的由来』（台湾省文献委員会、一九七九年）
周　樹佳『香港諸神―起源、廟宇与崇拝―』（中華書局、二〇〇九年）
李慰祖ほか『四大門―歴史与社会―』（北京大学出版社、二〇一一年）

華人信仰の伝播と変容

酒井忠夫編『東南アジアの華人文化と文化摩擦』（厳南堂書店、一九八三年）
佐々木宏幹『スピリチュアル・チャイナ―現代華人社会の庶民宗教―』（大蔵出版、二〇一九年）
志賀市子編『潮州人―華人移民のエスニシティと文化をめぐる歴史人類学―』（風響社、二〇一八年）
泉田英雄『海域アジアの華人街―移民と植民による都市形成―』（学芸出版社、二〇〇六年）
金田　力『ハノイの寺』（創土社、二〇一六年）
桑野淳一『バンコク謎解き華人廟めぐり』（彩流社、二〇一九年）

新川登亀男『道教をめぐる攻防—日本の君王、道士の法を崇めず—』（大修館書店、一九九九年）

著者紹介

一九六二年、東京都に生まれる

一九八五年、東洋大学文学部卒業

一九九七年、早稲田大学文学研究科博士課程後期単位取得退学

現在、関西大学文学部教授、博士（文学・文化交渉学）

〔主要著書〕

『中国の神さま―神仙人気者列伝―』（平凡社、二〇〇二年）

『道教・民間信仰における元帥神の変容』（関西大学出版部、二〇〇六年）

『アジアの民間信仰と文化交渉』（関西大学出版部、二〇一二年）

『東南アジアの華人廟と文化交渉』（関西大学出版部、二〇二〇年）

歴史文化ライブラリー

598

中国の信仰世界と道教

神・仏・仙人

二〇二四年（令和六）六月一日　第一刷発行

著　者　二《に》階《かい》堂《どう》善《よし》弘《ひろ》

発行者　吉川道郎

発行所　株式会社 吉川弘文館

東京都文京区本郷七丁目二番八号

郵便番号一一三―〇〇三三

電話〇三―三八一三―九一五一〈代表〉

振替口座〇〇一〇〇―五―二四四

https://www.yoshikawa-k.co.jp/

印刷＝株式会社 平文社

製本＝ナショナル製本協同組合

装幀＝清水良洋・宮崎萌美

ISBN978-4-642-05998-5

歴史文化ライブラリー

1996. 10

刊行のことば

現今の日本および国際社会は、さまざまな面で大変動の時代を迎えておりますが、近づきつつある二十一世紀は人類史の到達点として、物質的な繁栄のみならず文化や自然・社会環境を謳歌できる平和な社会でなければなりません。しかしながら高度成長・技術革新にともなう急激な変貌は「自己本位な刹那主義」の風潮を生みだし、先人が築いてきた歴史や文化に学ぶ余裕もなく、いまだ明るい人類の将来が展望できていないようにも見えます。このような状況を踏まえ、よりよい二十一世紀社会を築くために、人類誕生から現在に至る「人類の遺産・教訓」としてのあらゆる分野の歴史と文化を「歴史文化ライブラリー」として刊行することといたしました。

小社は、安政四年（一八五七）の創業以来、一貫して歴史学を中心とした専門出版社として書籍を刊行しつづけてまいりました。その経験を生かし、学問成果にもとづいた本叢書を刊行し社会的要請に応えて行きたいと考えております。

現代は、マスメディアが発達した高度情報化社会といわれますが、私どもはあくまでも活字を主体とした出版こそ、ものの本質を考える基礎と信じ、本叢書をとおして社会に訴えてまいりたいと思います。これから生まれでる一冊一冊が、それぞれの読者を知的冒険の旅へと誘い、希望に満ちた人類の未来を構築する糧となれば幸いです。

吉川弘文館

歴史文化ライブラリー

歴史文化ライブラリー

平安貴族の住まい 寝殿造から読み直す日本住宅史——藤田勝也
平安京のニオイ——安田政彦
平安京の生と死 祓い、告げ、祭り——五島邦治
平安京はいらなかった 古代の夢を喰らう中世——桃崎有一郎
天神様の正体 菅原道真の生涯——森 公章
平将門の乱を読み解く——木村茂光
古代の神社と神職 神をまつる人びと——加瀬直弥
古代の食生活 食べる・働く・暮らす——吉野秋二
雪と暮らす古代の人々——相澤 央
古代の刀剣 日本刀の源流——小池伸彦
大地の古代史 土地の生命力を信じた人びと——三谷芳幸
時間の古代史 霊鬼の夜、秩序の昼——三宅和朗

中世史

列島を翔ける平安武士 九州・京都・東国——野口 実
源氏と坂東武士——野口 実
敗者たちの中世争乱 年号から読み解く——関 幸彦
戦死者たちの源平合戦 生への執着、死者への祈り——田辺 旬
熊谷直実 中世武士の生き方——高橋 修
中世武士 畠山重忠 秩父平氏の嫡流——清水 亮
頼朝と街道 鎌倉政権の東国支配——木村茂光
もう一つの平泉 奥州藤原氏第二の都市・比爪——羽柴直人
源頼家とその時代 二代目鎌倉殿と宿老たち——藤本頼人
六波羅探題 京を治めた北条一門——森 幸夫
大道 鎌倉時代の幹線道路——岡 陽一郎
仏都鎌倉の一五〇年——今井雅晴
鎌倉北条氏の興亡——奥富敬之
鎌倉幕府はなぜ滅びたのか——永井 晋
武田一族の中世——西川広平
三浦一族の中世——高橋秀樹
伊達一族の中世 「独眼龍」以前——伊藤喜良
弓矢と刀剣 中世合戦の実像——近藤好和
その後の東国武士団 源平合戦以後——関 幸彦
曽我物語の史実と虚構——坂井孝一
鎌倉浄土教の先駆者 法然——中井真孝
親 鸞——平松令三
親鸞と歎異抄——今井雅晴
畜生・餓鬼・地獄の中世仏教史 因果応報と悪道——生駒哲郎
神や仏に出会う時 中世びとの信仰と絆——大喜直彦
神仏と中世人 宗教をめぐるホンネとタテマエ——衣川 仁
神風の武士像 蒙古合戦の真実——関 幸彦

歴史文化ライブラリー

鎌倉幕府の滅亡——細川重男
足利尊氏と直義 京の夢、鎌倉の夢——峰岸純夫
高 師直 室町新秩序の創造者——亀田俊和
新田一族の中世 「武家の棟梁」への道——田中大喜
皇位継承の中世史 血統をめぐる政治と内乱——佐伯智広
地獄を二度も見た天皇 光厳院——飯倉晴武
南朝の真実 忠臣という幻想——亀田俊和
信濃国の南北朝内乱 悪党と八〇年のカオス——櫻井 彦
中世の巨大地震——矢田俊文
大飢饉、室町社会を襲う！——清水克行
中世の富と権力 寄進する人びと——湯浅治久
中世は核家族だったのか 民衆の暮らしと生き方——西谷正浩
出雲の中世 地域と国家のはざま——佐伯徳哉
中世武士の城——齋藤慎一
戦国の城の一生 つくる・壊す・蘇る——竹井英文
九州戦国城郭史 大名・国衆たちの築城記——岡寺 良
戦国期小田原城の正体 「難攻不落」と呼ばれる理由——佐々木健策
徳川家康と武田氏 信玄・勝頼との十四年戦争——本多隆成
戦国大名毛利家の英才教育 元就・隆元・輝元と妻たち——五條小枝子
戦国大名の兵粮事情——久保健一郎
戦国時代の足利将軍——山田康弘
足利将軍と御三家 吉良・石橋・渋川氏——谷口雄太
〈武家の王〉足利氏 戦国大名と足利的秩序——谷口雄太
室町将軍の御台所 日野康子・重子・富子——田端泰子
名前と権力の中世史 室町将軍の朝廷戦略——水野智之
摂関家の中世 藤原道長から豊臣秀吉まで——樋口健太郎
戦国貴族の生き残り戦略——岡野友彦
鉄砲と戦国合戦——宇田川武久
検証 川中島の戦い——村石正行
検証 長篠合戦——平山 優
検証 本能寺の変——谷口克広
明智光秀の生涯——諏訪勝則
加藤清正 朝鮮侵略の実像——北島万次
落日の豊臣政権 秀吉の憂鬱、不穏な京都——河内将芳
豊臣秀頼——福田千鶴
天下人たちの文化戦略 科学の眼でみる桃山文化——北野信彦
イエズス会がみた「日本国王」 天皇・将軍・信長・秀吉——松本和也
アジアのなかの戦国大名 西国の群雄と経営戦略——鹿毛敏夫
海賊たちの中世——金谷匡人
琉球王国と戦国大名 島津侵入までの半世紀——黒嶋 敏

歴史文化ライブラリー

天下統一とシルバーラッシュ 銀と戦国の流通革命——本多博之

近世史

江戸城の土木工事 石垣・堀・曲輪——後藤宏樹
慶長遣欧使節 伊達政宗が夢見た国際外交——佐々木 徹
徳川忠長 兄家光の苦悩、将軍家の悲劇——小池 進
女と男の大奥 大奥法度を読み解く——福田千鶴
大奥を創った女たち——福田千鶴
江戸のキャリアウーマン 奥女中の仕事・出世・老後——柳谷慶子
江戸に向かう公家たち みやこと幕府の仲介者——田中暁龍
細川忠利 ポスト戦国世代の国づくり——稲葉継陽
家老の忠義 大名細川家存続の秘訣——林 千寿
隠れた名君 前田利常 加賀百万石の運営手腕——木越隆三
明暦の大火 「都市改造」という神話——岩本 馨
〈伊達騒動〉の真相——平川 新
江戸の町奉行——南 和男
大名行列を解剖する 江戸の人材派遣——根岸茂夫
江戸大名の本家と分家——野口朋隆
江戸の武家名鑑 武鑑と出版競争——藤實久美子
江戸の出版統制 弾圧に翻弄された戯作者たち——佐藤至子
武士という身分 城下町萩の大名家臣団——森下 徹
旗本・御家人の就職事情——山本英貴
武士の奉公 本音と建前 江戸時代の出世と処世術——高野信治
近江商人と出世払い 出世証文を読み解く——宇佐美英機
犬と鷹の江戸時代 〈犬公方〉綱吉と〈鷹将軍〉吉宗——根崎光男
近世の巨大地震——矢田俊文
土砂留め奉行 河川災害から地域を守る——水本邦彦
外来植物が変えた江戸時代 里湖・里海の資源と都市消費——佐野静代
闘いを記憶する百姓たち 江戸時代の裁判学習帳——八鍬友広
江戸時代の瀬戸内海交通——倉地克直
江戸のパスポート 旅の不安はどう解消されたか——柴田 純
江戸の捨て子たち その肖像——沢山美果子
江戸時代の医師修業 学問・学統・遊学——海原 亮
江戸幕府の日本地図 国絵図・城絵図・日本図——川村博忠
踏絵を踏んだキリシタン——安高啓明
墓石が語る江戸時代 大名・庶民の墓事情——関根達人
石に刻まれた江戸時代 無縁・遊女・北前船——関根達人
近世の仏教 華ひらく思想と文化——末木文美士
伊勢参宮文化と街道の人びと ケガレ意識と不埒者の江戸時代——塚本 明
吉田松陰の生涯 猪突猛進の三〇年——米原 謙
松陰の本棚 幕末志士たちの読書ネットワーク——桐原健真

歴史文化ライブラリー

龍馬暗殺——桐野作人
日本の開国と多摩 生糸・農兵・武州一揆——藤田 覚
幕末の海軍 明治維新への航跡——神谷大介
海辺を行き交うお触れ書き 浦触の語る徳川情報網——水本邦彦
江戸の海外情報ネットワーク——岩下哲典

民俗学・人類学

古代ゲノムから見たサピエンス史——太田博樹
日本人の誕生 人類はるかなる旅——埴原和郎
倭人への道 人骨の謎を追って——中橋孝博
役行者と修験道の歴史——宮家 準
幽霊 近世都市が生み出した化物——髙岡弘幸
遠野物語と柳田國男 日本人のルーツをさぐる——新谷尚紀

各冊一七〇〇円～二一〇〇円（いずれも税別）
▽残部僅少の書目も掲載してあります。品切の節はご容赦下さい。
▽書目の一部は電子書籍、オンデマンド版もございます。詳しくは出版図書目録、または小社ホームページをご覧下さい。